BERQUIN.

HISTOIRE NATURELLE

POUR

LA JEUNESSE,

CONTENANT

L'HISTOIRE ABRÉGÉE DES ANIMAUX :

Quadrupèdes, Oiseaux, Poissons, Reptiles, Insectes. — Des Plantes, fleurs et fruits. —
Des Minéraux et des Métaux.

PARIS,
VICTOR LECOU, ÉDITEUR, RUE DU BOULOI, 40.
1852.

BERQUIN.

HISTOIRE NATURELLE

POUR

LA JEUNESSE.

Arras : Typ. de Mme veuve J. DEGEORGE.

BERQUIN.

HISTOIRE NATURELLE

POUR

LA JEUNESSE,

CONTENANT

L'HISTOIRE ABRÉGÉE DES ANIMAUX :

Quadrupèdes, Oiseaux, Poissons, Reptiles, Insectes. — Des Plantes, fleurs et fruits. —
Des Minéraux et des Métaux.

ORNÉE DE 100 GRAVURES SUR BOIS.

PARIS,
VICTOR LECOU, ÉDITEUR, RUE DU BOULOI, 10.
1851.

PREFACE.

BERQUIN.

AUX PARENS.

ien des livres élémentaires ont été composés jusqu'à ce jour, pour faciliter aux enfans l'étude de la nature, tous supposent en eux les premières connaissances de ses lois et de ses productions. Mais ces premières connaissances, comment pourraient-ils les avoir acquises, s'il n'existe aucun ouvrage où l'on ait cherché à leur en offrir les objets dans un tableau qui, sans fatiguer leur vue encore mal assurée, eût un intérêt propre à captiver leurs regards inconstants? Toutes leurs idées à ce sujet ne peuvent donc porter que sur des instructions rapides, qui, données sans suite et de

ij

vive voix, n'ont dû laisser que de faibles traces dans
leur souvenir. Un livre où ces instructions leur seraient
présentées avec ordre, dans une gradation adaptée à
celle de leur curiosité et au progrès du développement
naturel de leur intelligence; dont le langage serait assez
familier et le ton assez agréable pour inspirer souvent le
désir d'en reprendre la lecture, et pour graver ainsi dans
leur mémoire les traits dont ils sont frappés; un tel livre serait assurément l'un des plus utiles pour le premier âge. Tel est le caractère que j'ai cru remarquer
dans l'ouvrage de mistriss Trimmer, persuadé comme
elle que les enfans qui auront pris plaisir à marcher
jusqu'au point où elle s'est proposé de les conduire seront animés de la plus vive ardeur pour s'avancer à
grands pas vers de plus hautes connaissances.

Comme ce point est précisément celui d'où j'ai dessein de partir, j'ai cru devoir préparer mes petits compagnons par un premier exercice de leurs forces qui leur
en fasse acquérir de nouvelles, et par la perspective du
paysage riant que nous allons parcourir. Avant de les
engager dans une terre étrangère, je suis bien aise qu'ils
connaissent de mieux en mieux celle où ils ont vécu jusqu'à ce jour, et qu'ils soient bien pénétrés des merveilles placées à la portée de leur vue, mais dont quelques
unes avaient sans doute échappé à leurs regards.

Ce livre, qui est uniquement destiné à la jeunesse,
aurait trompé l'attente des personnes, dont quelques
unes m'ont gracieusement témoigné qu'elles avaient jus-

qu'ici partagé le plaisir que je cherchais à procurer à leur jeune famille.

Je préviens donc les parents qu'ils n'auront pas de reproches à me faire d'avoir négligé leur propre amusement dans un livre où ils n'avaient pas le droit d'attendre que je m'en fusse occupé.   BERQUIN.

NOTE DE L'ÉDITEUR. — Nous ne partageons pas le modeste avis de Berquin; nous pensons que bien des grandes personnes liront avec intérêt son charmant ouvrage.

J. C. D.

NOTICE

sur la vie et les travaux

DE BERQUIN.

O n a peu de renseignements biographiques sur Berquin, et cependant grand nombre de ses contemporains vivent encore. Tout ce qu'on peut apprendre d'eux, c'est qu'on ne pouvait trouver un homme d'un commerce plus agréable, d'une vie plus honnête, d'un caractère plus charmant, d'une modestie plus vraie. Il est bien fàcheux que Berquin, comme nos petits grands hommes, n'ait pas écrit lui-même l'histoire de ses faits et gestes: nous en saurions un peu plus sur son compte.

BERQUIN (Armand) naquit à Bordeaux vers l'an 1749. Sa jeunesse fut calme, studieuse, c'était un enfant docile et charmant, n'ayant d'autre volonté que celle de ses parents ou de ses maîtres, et pas de passion plus vive que celle de l'étude. Il passa dans sa patrie les belles et bonnes années de la jeunesse. Son goût pour les lettres, son désir de s'y distinguer, l'engagèrent à venir à Paris, la vraie patrie des artistes et des poètes. Il avait vingt et un ans quand il publia ses Idylles. Elles sont presque toutes imitées de Gessner, poète allemand, de Wieilland, de Métastase. Ces traductions libres attirèrent sur lui l'attention publique, et l'engagèrent, ainsi qu'il le dit lui-même, à cultiver les fruits de son propre fonds; et deux ans plus tard, il publia un recueil de romances plein de sensibilité et de grâce.

En composant les romances, Berquin s'était proposé un but auquel tendent rarement les auteurs de ces sortes de poésies.

La romance, dit-il, telle que je la conçois, entretenant dans les familles une douce correspondance entre les époux et les pères et les enfants, peut y conserver le goût de l'innocence et de la simplicité, et y ouvrir une ressource assurée aux bonnes mœurs. C'est en parlant de cette vue d'utilité sur la romance que j'ai songé à l'étendre un jour sur deux classes trop négligées par nos poètes. Je veux dire les jeunes filles et les enfants.

On le voit, dès son début, Berquin avait deviné sa véritable vocation, celle d'écrire pour la jeunesse; s'il n'avait composé que des romances ou des idylles, il serait sans doute resté fort ignoré; c'est à ses ouvrages d'éducation qu'il doit la célébrité dont il jouit.

Quelque temps après avoir donné son recueil de romances, il publia l'*Ami des Enfants*. Cette publication n'était pas autre chose qu'un journal paraissant périodiquement par petits cahiers tous les mois. Ce livre eut un grand succès, et l'Académie française lui décerna, en 1784, le prix accordé à l'ouvrage le plus utile aux mœurs.

Outre *l'Ami des Enfants*, Berquin publia divers ouvrages ayant pour titres : *Lecture pour les Enfants, l'Ami de l'Adolescence, l'Introduction familière à la connaissance de la Nature* (traduction libre de l'anglais, de miss Trimmer), *Sandfort et Merton, le Petit Grandisson, Bibliothèque des Villages, le Livre de Famille, les Historiettes pour les Petits Enfants, les Tableaux Anglais*.

Ces divers ouvrages sont écrits avec facilité, le style en est correct et fleuri, la morale douce et facile; plusieurs ne sont que des traductions ou des imitations: dans tous, Berquin a su répandre les sentiments candides et honnêtes dont son âme était remplie.

On a donné à Berquin le nom de son ouvrage principal; on l'appelle communément *l'Ami des Enfants*. Titre charmant et doux qu'il méritait bien; car il aimait les enfants avec passion; il se plaisait dans leur compagnie, il y passait des heures, des journées entières; il partageait leurs jeux, leur racontait avec une bonhomie charmante des historiettes où la morale et la vertu trouvaient toujours leur place.

Berquin était lié d'amitié avec les littérateurs les plus distingués de France et d'Angleterre; où il passa plusieurs années de sa vie. Sur la fin de ses jours, il était l'un des rédacteurs les plus assidus du *Moniteur*. On est étonné de voir cet homme simple et bon se livrer à la politique, mais on sait combien la politique du *Moniteur* est innocente.

Une grande distinction allait le récompenser peut-être de tous ses travaux quand la mort vint le frapper. Il fut en 1791, l'un des candidats proposés pour être l'instituteur du jeune dauphin, qui fut depuis l'infortuné Louis XVII.

Dieu l'a sans doute rappelé à lui pour le récompenser de ses vertus et lui épargner la douleur de voir les infortunes de son royal élève et les scènes horribles de la révolution qui grondait déjà.

Berquin s'était rallié aux principes de la révolution; on le conçoit sans peine. Ces principes étaient des principes de justice, d'équité, d'amour pour les disgrâciés de la fortune et de la société. Et comment l'un des fervents apôtres de la religion et de la morale, aurait-il pu s'expliquer l'action légale du despotisme? C'est dans le but de rendre populaires les saines notions de politique et de morale, qu'il écrivit son livre la *Bibliothèque des Villages*.

Berquin mourut d'une fièvre putride, en décembre 1792. Juste à tems pour ne pas voir les terribles drames de 93. Il n'avait que 42 ans. Il laissa des regrets à tous ceux qui l'avait connu et une mémoire vénérée.

J. C. DEMERVILLE.

INTRODUCTION.

Nous voici donc enfin arrivées à la campagne, ma chère Charlotte, et puisque nous sommes si bien disposées à faire ensemble de petites promenades pour fortifier notre santé par un exercice agréable, j'ai pensé qu'il serait facile de les faire servir également à étendre nos connaissances.

Il n'est pas un seul objet sur la terre qui ne puisse offrir autant d'instruction que d'agrément, lorsqu'on sait l'examiner avec soin; et je suis persuadée que nous sentirons bientôt, par nos observations, que rien n'a été fait en vain dans la nature.

Henri, votre frère n'est encore que bien petit garçon, il est vrai; mais il est plein d'intelligence, et doué d'une heureuse mémoire. J'espère qu'il sera en état de comprendre beaucoup de choses dont nous aurons occasion de parler; c'est pourquoi j'ai le projet de le mettre de la partie. Oh! je meurs d'envie de le voir aujourd'hui. Il

 vient de quitter les premiers habillements de l'enfance, et j'ose croire qu'il est déjà tout fier de cette métamorphose. Mais qui vient donc à nous? Votre servante, monsieur. Comment, c'est vous, Henri? Comme vous voilà leste et pimpant! Je ne pouvais deviner quel était ce petit maître que je voyais s'avancer d'un air si délibéré.

Maintenant que vous êtes habillé comme un homme, je me flatte que vous commencez à imaginer que vous en êtes un en effet. Mais quoique vous sachiez déjà lire assez joliment, fouetter une toupie, et pousser une balle, je vous assure qu'il vous reste encore beaucoup de choses à apprendre. Je serai charmée de vous faire part de tout ce que je sais. Nous allons, votre sœur et moi, faire un petit tour de promenade dans les champs. Seriez-vous fâché de venir avec nous? Bon? Je vois à votre mine que vous ne demandez pas mieux, n'est-ce pas?

Vous vous souvenez, mes chers enfants, que dans

notre petite course d'hier au soir, je vous fis observer
une grande variété de plantes et de fleurs. Je vous mon-
trai les troupeaux qui couvraient les pâturages, et les
oiseaux qui voltigeaient de branche en branche sur les
buissons. Je vous dis le nom de tout ce qui frappait nos
regards. Mais il y a un plus grand nombre de choses
agréables à connaître à leur sujet. Mon dessein est de
commencer à vous instruire aujourd'hui, tout en nous
promenant. Charlotte va se disposer à cette expédition;
ainsi prenez votre chapeau, mon petit Henri, nous irons
d'abord dans la prairie, où je suis sûre qu'il se présentera
quelque chose digne de notre curiosité.

LA PRAIRIE.

Eh bien, mes petits amis, qu'en dites-vous? N'est-ce pas un endroit charmant? Quel air de fraîcheur on y respire! Comme l'herbe en est épaisse et verdoyante! et de combien de jolies fleurs elle est émaillée! Je n'ai pas besoin de vous dire quel est l'usage de cette herbe, qu'on appelle ordinairement gazon: vous avez vu si souvent les vaches, les chevaux, et les brebis s'en repaître! mais ils ne la mangent pas toute sur la prairie; on leur réserve certains quartiers pour le pâturage, et on les éloigne des autres aussitôt que l'herbe commence à grandir. Elle n'atteint sa parfaite maturité qu'au mois de juin, ce que l'on reconnaît à la couleur jaune qu'elle prend. Alors les faucheurs la coupent avec un instrument de fer recourbé, qu'on nomme une faulx; ensuite viennent des faneurs qui la tournent et la retournent avec des fourches de bois, en l'étalant sur la terre pour la faire sécher au soleil. Elle prend alors le nom de foin. Dès que le foin a perdu toute son humidité, et qu'il n'y a plus de danger qu'il s'échauffe, on le ramasse avec des râteaux, et on l'emporte sur des chariots dans la cour de la ferme, où il est entassé en grands monceaux, qu'on appelle meules. C'est de ces meules énormes que l'on tire le foin pour le lier en milliers de bottes, et le donner aux chevaux que l'on tient à l'écurie. Il sert aussi dans l'hiver à nourrir les bestiaux; car alors il y a bien peu de gazon pour eux sur la terre, et encore moins lorsqu'elle est couverte de neige. Tout cela vient de petites graines qui ne sont pas plus grosses que les plus fins grains de sable; et les graines sont venues de fleurs que vous pouvez remarquer à présent à l'extrémité de la tige. Dans une prairie où l'on fauche le foin, il se détache toujours un grand nombre de graines, qui, l'année suivante, produisent le gazon; mais, si l'on veut faire une prairie dans une pièce de terre neuve, il faut recueillir les graines pour les semer. Ces fleurs dont vous venez de faire un bouquet, Charlotte, viennent également de graines qui se trouvaient mêlées parmi celles du foin. Voilà des boutons d'or, des coquelicots et des marguerites de pré. Ces fleurs sont bonnes pour les bestiaux, et servent à donner un goût agréable au gazon. Il y en a même qui sont médicinales, c'est-à-dire bonnes à composer des remèdes pour une infinité de maladies auxquelles nous sommes sujets.

Ne pensez-vous pas, Henri, que le gazon, dont la douce verdure embellit tant les campagnes, est en même temps une production bien utile? Je suis sûr que les pauvres animaux le diraient encore mieux que nous, s'ils étaient en état de parler. Ils n'ont pas de cuisinier pour préparer leurs repas; ils ne peuvent pas même faire comprendre ce qui leur est nécessaire. Mais Dieu a su pourvoir à leurs besoins. Vous voyez que leur nourriture s'étend sous leurs pieds, et qu'ils n'ont qu'à se baisser pour la prendre. S'il en coûte à l'homme des soins légers pour la faire venir, c'est bien le moins qu'il donne quelques-uns de ses moments à ces utiles animaux, dont les uns lui épargnent tant de fatigues, et dont les autres le vêtissent de leur laine et le nourrissent de leur chair.

LE CHAMP DE BLÉ.

Maintenant nous allons prendre congé de la prairie, et faire un tour dans le champ de blé. Il y en a de plusieurs espèces. Celui-ci est du froment. Je le reconnais à la hauteur de ses tiges. J'espère que nous en aurons une abondante récolte. Elle sera bonne à ramasser dans le mois d'août, qu'on appelle le mois des moissons. J'ai mis dans ma poche un épi de l'année dernière, pour vous montrer tout ce que ceci produira. Froissez-le dans vos mains, Henri. Bon! soufflez à présent les barbes, et donnez-moi un des grains. Voilà ce qu'on appelle un grain de froment.

Vous voyez qu'il y a plusieurs grains dans un épi : eh bien, regardez maintenant le pied, vous verrez qu'il vient quelquefois plusieurs tiges, et par conséquent plusieurs épis d'une seule racine, et cependant toute cette racine provient d'un seul grain qu'on a semé à la fin de l'automne.

Cette semence n'a pas été jetée au hasard, et sans beaucoup de soins particuliers. On avait commencé par ouvrir la terre en sillons, quelques mois auparavant, avec ce fer tranchant que je vous ai fait remarquer au-dessous de la charrue. Elle est restée en repos tout l'été, et s'est bien pénétrée du fumier qu'on avait répandu sur les guérets pour l'engraisser; puis on l'a de nouveau labourée. Enfin, vers le milieu de l'automne, un homme est venu dans chaque sillon y répandre des grains, et tout de suite, avec sa herse, il les a recouvert de terre. Ces grains étant enflés et ramollis par l'humidité, il en est sorti par en bas de petites racines, qui se sont accrochés dans le sein de la terre, et, par en haut, de petits tuyaux qui ont percé sa surface en plusieurs branches, de la manière que vous pouvez le remarquer. Ces tuyaux montés en haute tige, ont produit les épis, dont chacun renferme à peu près vingt grains; en sorte que, si vous comptez, d'après ce calcul, tout le produit des grains dont la semence a réussi, vous trouverez qu'il peut en être venu environ vingt fois autant que l'on en a mis dans la terre.

Les épis, cachés encore dans ces tiges, se développeront peu à peu se mûriront au soleil, et ressembleront à celui que vous venez de froisser.

On estime généralement que le blé est originaire des plaines d'Enna, en Sicile, où, disent certains auteurs, il croit spontanément; d'autres ont dit et répété avec aussi peu de fondement, qu'on le trouvait spontané dans le nord de l'Asie et surtout dans la Sibérie. A cette double erreur, on est venu en ajouter une troisième en assurant que le blé est une création de la culture. La vérité est que le blé n'est autre chose qu'une graine vulgaire qu'une culture soignée a perfectionnée.

ientôt on coupera par le pied, avec une faucille, les tiges de paille qui les supportent, et on les liera en paquets, appelés gerbes, pour les emporter dans la grange, les battre avec un fléau, et les vanner, pour séparer les débris de paille du grain. On enverra celui-ci au meunier pour le moudre en farine sous la grosse meule de son moulin à eau, ou à vent. Ensuite la farine sera vendue au boulanger pour en faire du pain, et au pâtissier pour en faire des biscuits et des pâtés.

Imaginez, mes amis, quelle immense quantité de blé on doit semer tous les ans, pour fournir du pain à tant de milliers d'hommes! Le pain est l'aliment le plus sain et le moins cher qu'on puisse se procurer. Il y a beaucoup de pauvres gens qui n'ont guère d'autre nourriture, et qui n'en ont pas toujours.

Le blé ne viendrait pas, comme le foin, sans être ensemencé, parce que le grain en est plus gros, et doit être enfoncé plus profondément dans la terre. Je vous ai dit tout-à-l'heure les divers travaux que demandaient les semailles.

Voici une autre espèce de blé qu'on appelle de l'orge. Je vous en ai aussi apporté un épi, pour vous le faire distinguer du froment.

Voyez-vous comme il a des barbes longues et fourrées? Gardez-vous bien, Henri, de le mettre dans la bouche, car il s'arrêterait à votre gosier, et vous étoufferait. L'orge est semée et recueillie de la même manière que le froment; mais elle ne fait pas de si bon pain. Elle est cependant fort utile. Les fermiers la vendent par boisseaux aux marchands de drêche, qui la font tremper dans l'eau pour la faire germer. Alors on la sèche sur de la cendre chaude, et elle devient drêche. On y verse une grande quantité d'eau, puis on y mêle du houblon, qui lui donne un goût agréable d'amertume, et l'empêche de s'aigrir. Enfin, en brassant ce mélange, on en fait de la bière, cette liqueur forte et nourrissante qui fait la boisson ordinaire dans plusieurs pays où il ne croît pas de vin. L'orge est aussi fort bonne pour nourrir les dindes, les poules et d'autres oiseaux de basse-cour.

Je vous ai parlé du houblon. Il croît dans les champs qu'on appelle houblonnières. Sa tige monte le long des perches qu'on lui donne pour la soutenir. Ses fleurs, d'un jaune pâle, font un effet charmant dans la campagne. Quand il est mûr, on le fait sécher; on en fait des monceaux, on le vend aux brasseurs.

Cette troisième espèce de blé est de l'avoine. Vous avez vu souvent le palefrenier en servir aux chevaux pour les régaler et leur donner du feu. C'est une espèce de dessert qu'on leur présente après le foin. Il y a aussi une autre espèce de blé, qu'on nomme seigle, qui sert à faire le pain bis que mangent les pauvres. On le mêle quelquefois avec du froment, et il donne alors du pain d'un goût assez bon.

Il y a bien des pays qui ne produisent pas de blé pareil à celui qui vient dans nos contrées. Par exemple, le blé qu'on nous a apporté de Turquie est bien différent du nôtre. Sa tige est comme celle d'un roseau avec plusieurs nœuds. Elle monte à la hauteur de quatre ou cinq pieds. Entre les jointures du haut de sa tige sor-

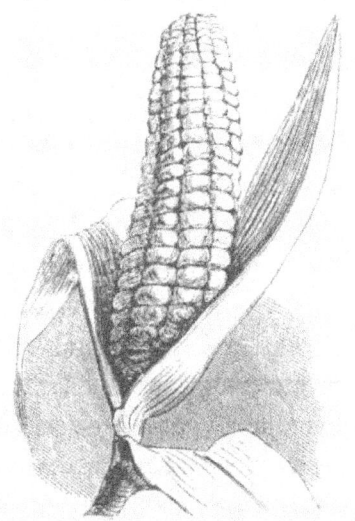

tent des épis de la grosseur de votre bras, qui renferment un grand nombre de grains jaunes ou rougeâtres, à peu près de la figure d'un pois aplati. La volaille en est très-friande. On le cultive avec succès dans quelques provinces de France, surtout dans les landes de Bordeaux, où il sert à faire du pain pour les misérables habitants.

Vous connaissez aussi bien que moi le millet que l'on donne aux oiseaux. Il vient en forme de grappes, sur des tiges plus courtes et plus menues que celles du froment. La farine en est excellente, cuite avec du lait.

Je vous ferais venir l'eau à la bouche si je vous parlais du riz, que l'on prépare aussi avec du lait. Mais croiriez-vous, Henri, qu'il a besoin d'être presque couvert d'eau pour croître et pour mûrir ?

Dans les pays où la terre n'est pas propre à produire du grain, les pauvres habitans sont réduits à se nourrir de fruits, de racines, de gâteaux, de pommes de terre, ou d'une pâte de marrons cuits au four. On est même quelquefois obligé, dans les pays les plus fertiles, d'avoir recours à ces tristes alimens lorsqu'il survient des années de stérilité.

Deux bons citoyens, MM. Parmentier et Cadet de Vaux, ont enseigné la meilleure manière de les préparer.

Quelles grâces, mes enfans, nous devons rendre à Dieu, nous qui n'avons jamais éprouvé ces cruels besoins! J'espère que vous serez touchés de cette réflexion, et que vous vous ferez un devoir de ne jamais gaspiller ce qui ferait la joie de tant de malheureux. Les miettes mêmes que vous laissez tomber, si elles étaient ramassées, pourraient fournir un bon repas à un petit oiseau, et le rendre joyeux pour toute la journée. Comme il s'empresserait de les partager entre ses petits, qui ouvrent inutilement leur bec, tandis que leurs parens volent au loin pour leur chercher quelque nourriture! J'étais bien fâchée hier au soir contre vous, Henri, lorsque vous faisiez des boulettes de pain pour les jeter à votre sœur. J'ose croire que vous ne le ferez plus, maintenant que je vous ai fait connaître le prix de ce présent inestimable du ciel. J'ai vu des personnes, qui avaient prodigalement gâté du pain pendant leur enfance, pleurer, dans un âge avancé, faute d'en avoir un morceau.

LA VIGNE.

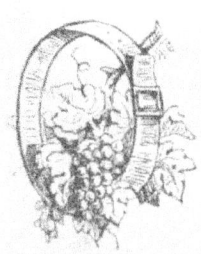

Vous avez bu quelquefois du vin de Champagne et de Bourgogne, sans vous embarrasser de la manière dont il se faisait. Entrons dans ce vignoble. Eh bien, Henri, croiriez-vous que c'est de ces petites souches tortues que nous vient la douce liqueur qui nous a fait tant de plaisir dans nos repas? Vous connaissez le raisin? Voyez déjà la grappe qui commence à se former. Ces grains, qui ne sont encore que du verjus, s'enfleront peu à peu, et seront mûrs au commencement de l'automne. Vous en verrez faire la récolte, qu'on appelle vendange; mais je suis bien aise, en attendant, de vous en donner une idée.

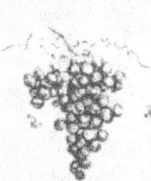

Dès le matin, les vendangeuses se répandent dans la vigne, coupent le raisin et en remplissent leurs paniers. Un homme vient les prendre à mesure qu'ils sont pleins, et va les jeter dans de larges demi-tonneaux placés sur une charrette pour les recevoir, et les porter à un endroit où des hommes foulent les grappes sous leurs pieds. On recueille la liqueur qui découle du pressoir, et on la verse dans de grandes cuves ou de petits tonneaux, où elle se purifie d'elle-même en fermentant, jusqu'à ce qu'elle devienne bonne à boire. Le vin, pris avec modération, est très bon pour l'estomac, et le fortifie; mais, lorsqu'on en boit avec excès, il produit des vapeurs qui troublent la raison et rabaissent l'homme au niveau de la brute. Vous avez vu quelquefois des ivrognes, et vous vous souvenez encore de la juste horreur qu'ils vous ont inspirée.

LE CHANVRE ET LE LIN.

egardez, voyez-vous là-bas ces deux grandes pièces de terre couvertes d'une si belle verdure? L'une est du chanvre, l'autre du lin. Les tiges de ces plantes, après quelles ont été battues et bien préparées, forment la filasse que vous avez vu filer à la vieille Suzon. Le fil de chanvre sert à faire le linge de corps et de ménage. Le fil de lin, qui est d'une plus belle qualité, se réserve pour la toile de batiste. On l'emploie aussi pour faire de la dentelle et du filet. Votre fourreau, Charlotte, votre chemise et vos manchettes, Henri, croissaient autrefois dans les champs.

J'oubliais de vous dire que la filasse de chanvre sert encore pour toute espèce de câbles, de cordes et de ficelles.

On a essayé, en quelques endroits, de tirer parti de ces vilaines orties qui piquent si bien les passans, et l'on en fait un fil grossier, mais très-fort, qui pourrait servir à faire des toiles communes.

LE COTON.

 u défaut de ces plantes, on cultive le coton dans quelques îles de l'Amérique et surtout dans les grandes Indes. C'est d'abord un duvet léger, qui entoure les graines d'un arbre appelé arbre à coton. Le fruit, qui les renferme en plusieurs petites loges, est à peu près de la grosseur d'une noix, et s'ouvre en mûrissant. Alors, on le recueille, et le coton, séparé des graines, et du fruit, devient, après quelques préparations, cette espèce de filasse douce et blanche dont vous m'avez vu mettre quelquefois de petits tampons dans mes oreilles et dans mon écrin. La partie la plus grossière se file en gros brins pour les mèches de nos lampes et de nos bougies. Le reste, filé en brins presque aussi déliés que vos cheveux, s'emploie pour la fabrique des bazins, des mousselines et des toiles de coton.

Vous voyez, mes chers amis, quelle variété de matériaux nous a fournie la Providence, et comme le génie de l'homme a su les employer à des objets d'agrément ou d'utilité. L'écorce même des arbres, par un travail et une adresse incroyables, se convertit en étoffes précieuses sous les doigts de ces sauvages qui nous paraissent si ignorans.

Je me souviens de vous avoir montré des ouvrages en plumes et en réseau dont ils se parent dans leurs fêtes, et comme nous avons admiré leur patience et la légèreté de leur travail.

LES ARBRES DE HAUTE-FUTAIE.

Le beau chêne que voilà, mes amis! comme son ombrage s'étend à propos pour nous garantir des traits du soleil! Voyez quel nombre infini de glands attachés à ses branches! Vous savez bien quel est l'animal qui se régale de ce fruit? mais ne pensez pas que le chêne majestueux ne soit bon à autre chose qu'à lui fournir des provisions. Il est d'un plus grand usage pour nous, ainsi que je vous le dirai tout à l'heure. Mais laissez-moi d'abord contempler un moment cet arbre superbe; je ne puis me rassasier de le voir. Avec quelle fierté sa tête s'élève dans les airs! Et sa tige! trois hommes, en se tenant par la main, ne sauraient l'embrasser. Il pousse chaque année des milliers de rameaux et des millions de feuilles. Il a de grandes racines qui s'enfoncent bien avant dans la terre, et qui s'étendent au loin autour de lui. Elles le soutiennent contre les violentes tempêtes que son front est obligé d'essuyer. C'est aussi par ses racines que la terre le nourrit, et entretient la fraîcheur et la vie dans tous ses membres énormes. Eh bien, Henri, n'est-ce pas une chose bien admirable que ce grand arbre soit sorti d'une petite semence? Regardez, en voici un tout jeune. Il est si petit, Charlotte, que vous aurez la force de l'arracher vous-même. Tenez, voyez-vous? voilà le gland encore attaché à sa racine. C'est pourtant ainsi que sont venus tous les arbres qui peuplent cette belle forêt que nous traversâmes l'autre jour dans notre voyage. Ce chêne seul, si tous ses glands avaient été recueillis chaque année, et plantés avec soin, aurait déjà pu suffire à couvrir de ses enfants et de ses petits-enfants des terrains immenses.

Lorsque le chêne, ou les autres arbres qu'on appelle aussi de haute-futaie, tels que le frêne, l'orme, le hêtre, le sapin, le châtaignier, le noyer, etc., seront parvenus au terme de leur croissance, un bûcheron viendra les couper par le pied avec sa cognée. On dépouillera le tronc de ses branches, et les scieurs les scieront en différens morceaux, pour en faire des madriers propres à la construction des vaisseaux, des poutres pour les maisons, ou des planches pour les uns et les autres, ainsi que pour différentes sortes de meubles et de machines. Les grosses branches, les plus droites, seront réservées pour les solives; celles qui sont crochues, pour les bûches; les branchages, pour les fagots; enfin, les racines donneront les souches que l'on brûle dans nos foyers. Vous voyez par là de quelle utilité les arbres sont pour nous dans toutes leurs parties. Le pauvre Henri y trouverait bien à dire, car les toupies, les sabots, les battoirs sont tirés de leur sein. Il n'est pas même jusqu'à leur écorce dont on ne sache faire un usage utile pour teintures, et pour tanner le cuir de vos souliers.

Un autre avantage de ces arbres, c'est qu'ils croissent d'eux-mêmes, sans demander aucun soin, et qu'ils nous donnent pour rien l'aspect de leur belle verdure et la fraîcheur de leur ombrage. Voyez comme les petits oiseaux se reposent en chantant sur leurs branches! combien ils doivent être contens, la nuit, de trouver un

2

abri sous leurs feuilles? Nous-mêmes, si une pluie abondante venait à tomber, ne serions-nous pas bien heureux de nous y mettre à couvert, pourvu cependant qu'il n'y eût pas d'apparence d'orage? car, dans les orages, les arbres attirent quelquefois le tonnerre : ce qui rend alors leur approche très-dangereuse.

Lorsqu'il y a plusieurs arbres rassemblés sur une vaste étendue de terrain, cet endroit s'appelle bois, ou forêt. Si cet endroit est fermé de murailles, et dépend d'un château, on l'appelle parc. Les bosquets ou bocages sont de petites forêts.

LES BOIS TAILLIS.

es mêmes arbres dont nous venons de parler, lorsqu'on les coupe avant qu'ils soient parvenus à leur hauteur naturelle, forment ce qu'on appelle un bois taillis. Ce sont ordinairement les rejetons qui poussent sur les vieilles racines dans une forêt que l'on vient d'abattre. On les coupe après cinq ou sept ans, les uns pour le chauffage, les autres pour servir d'échalas à la vigne, ou pour faire les cercles des cuves et des tonneaux. Cette récolte, qui peut se faire de cinq en cinq ans, s'appelle coupe réglée.

LE VERGER.

Outre ces arbres, il en est d'autres nommés arbres fruitiers. Je parierais, avec confiance, que nous aurons plus de plaisir encore à nous en entretenir. Entrons dans le verger. Voilà les fruits qui grossissent. Ce serait vous faire injure que de vouloir vous les faire connaître. Si petits que vous soyez, je pense que personne au monde ne distingue mieux que vous les poires, les pommes, les pêches, les cerises, les prunes, les abricots et les brugnons. Les arbres étendus en éventail contre la muraille s'appellent, comme vous savez, espaliers, et les autres, arbres à plein vent. Les premiers rapportent plus sûrement et de plus beaux fruits, parce que, dans les gelées, on peut les couvrir avec des nattes de paille, et que la muraille, échauffée par le soleil, avance leur maturité. Les seconds passent pour avoir leur fruit d'un goût plus fin et plus délicat. Nous aurons, j'espère, beaucoup de fruit cette année.

Ne souhaiteriez-vous pas, Henri, qu'il fût déjà mûr? Patience, il le sera bientôt, et vous en mangerez tant qu'il vous plaira dans le temps. Mais, gardez-vous bien d'y toucher tant qu'il est vert, car il vous rendrait malade, peut-être pour toute l'année.

Vous vous rappelez, mes chers amis, combien les arbres à
fruits paraissaient beaux, il y a trois semaines, lorsqu'ils étaient en
pleine fleur ? Les fleurs sont maintenant passées, et les fruits
croissent à la place. Ils deviendront plus gros de jour en jour,
jusqu'à ce que la chaleur du soleil les colore et les mûrisse ; et
alors, ils seront bons à cueillir.

Les pommes et les poires peuvent se garder dans leur état naturel pendant tout l'hiver; mais les autres fruits tournent bientôt
en pourriture ; et il faudrait renoncer à en manger après leur saison, si l'on n'avait trouvé le moyen de les conserver en les fai-

sant sécher au four, ou en les mettant dans
de l'eau-de-vie, ou enfin en les faisant bouil-
lir avec un sirop composé d'eau et de sucre.
C'est de cette dernière façon que l'on fait les
marmelades et les gelées, que l'on trouve si
bonne dans l'hiver, et surtout dans les maladies.

Il y a quelques fruits renfermés en de
dures coquilles, comme les noix, les amandes, les noisettes, les châtaignes, etc. Vous
les connaissez aussi bien que les arbres qui
les portent ; mais vous ne connaissez pas un
autre arbre de la même espèce, parce qu'il
ne vient pas dans ce pays : c'est le cocotier.
Il est très haut et fort droit, sans branches
ni feuillages autour de sa tige. Seulement
vers le sommet il pousse une douzaine de
feuilles très larges, dont les Indiens se servent pour couvrir leurs

maisons, pour faire des nattes et pour d'autres usages. Entre les feuilles et l'extrémité de sa pointe, il sort quelques rameaux de la grosseur de mon bras, auxquels on fait une incision, et qui répandent, par cette blessure, une liqueur très agréable, dont on fait l'arack. Ces rameaux portent une grosse grappe, ou paquet de cocos, au nombre de dix à douze.

Cet arbre rapporte trois fois l'année, et son fruit, dont vous avez goûté l'autre jour, est aussi gros que la tête d'un homme. Il en est dont le fruit n'est pas plus gros que votre poing, et qui sert, entre autres usages, à faire des cuillers à punch.

Il y a aussi une espèce d'amande, appelée cacao, qui vient dans les Indes occidentales et au midi de l'Amérique. L'arbre qui la produit ressemble un peu à notre cerisier. Chaque cosse renferme une vingtaine de ces amandes, et de la grosseur d'une fève, dont on fait le chocolat, avec d'autres ingrédiens. Le meilleur cacao nous vient de Caraque, dont il porte le nom.

LES PÉPINIÈRES ET LA GREFFE.

Plusieurs moyens sont mis en pratique pour reproduire les arbres. On les reproduit généralement de trois manières; par les graines, pepins ou noyaux cachés dans l'intérieur de leur fruit, par les petits rejetons pris sur leurs vieilles racines, ou par les boutures coupées de leurs branches, et plantées en terre pour s'y enraciner.

L'endroit où l'on rassemble ces élèves, la douce espérance du jardin, s'appelle pépinière. C'est comme un collége pour les enfans des arbres, où l'on veille sur leur croissance, et où l'on s'étudie à les préserver de mauvais penchants.

Les jeunes arbres, qu'on nomme sauvageons, ne porteraient que de mauvais fruits, si l'on n'avait soin de les greffer. Voici comment on s'y prend. On coupe d'abord le haut de leur tige, pour les empêcher de s'élever davantage ; puis un peu au-dessous, des deux côtés, ou fait une petite incision à l'écorce, et dans cette ouverture on glisse un bourgeon pris d'un autre arbre, avec une petite partie de son écorce, pour remplir le vide qu'on a fait dans celle du sauvageon. On les lie étroitement ensemble, et l'on recouvre la blessure de mousse, pour empêcher l'air d'y pénétrer. Le bourgeon, recevant sa nourriture de l'arbre, s'unit avec lui, et il pousse bientôt des branches qui, s'étendant de tous côtés, forment la tête de l'arbre, et portent des fruits exquis.

Cette opération, l'une des plus curieuses du jardinage, se varie de plusieurs manières. J'aurai soin de parler à Mathurin, pour le prier, lorsqu'il en sera temps, de la faire en votre présence.

LES FLEURS.

LES FLEURS.

Benoît, allez chercher la clef du jardin, et vous Charlotte, si vous n'êtes pas fatiguée, nous irons voir nos fleurs. Pour Henri, c'est un homme, et lui siérait mal de se plaindre. Je pense même qu'il serait en état de se tenir sur ses pieds du matin au soir. Venez, monsieur, prenez la clef du jardin, ouvrez la porte.

Voici, je crois, l'endroit le plus agréable que nous ayons jamais vu.

Quel est l'objet qui va d'abord captiver nos regards ? Que sais-je ? Il se trouve ici une si grande variété de beautés, que l'on hésite à laquelle donner la préférence. Vous admiriez les fleurs des champs ; mais celles-ci les surpassent encore

Regardez ces tulipes, ces giroflées, ces œillets, ces jonquilles, ces jacinthes et ces renoncules. La blancheur de ce lis ou de cette tubéreuse efface celle de la plus belle batiste. Prenez la plus petite fleur : en la regardant de près, vous la trouverez aussi jolie et aussi curieuse que les plus gran des. N'oublions pas surtout la modeste violette, la première fille du printemps.

Charlotte, cueillez-moi, je vous en prie, une de ces jolies

roses à cent feuilles. C'est bien avec raison que, pour son doux parfum et sa couleur brillante, on la nomme la reine des fleurs. Joignez-y aussi quelques brins de lilas, de jasmin, de muguet et de chèvre-feuille. Quel agréable mélange de douces odeurs dans un si petit bouquet! Je ne vous permettrai pas d'en cueillir davantage, ce serait dommage de les gâter. Le jardinier nous en a apporté ce matin pour parer notre appartement. Elles se conserveront par la fraîcheur de l'eau qui baigne leurs tiges, au lieu que la chaleur de vos mains les aurait bientôt fanées.

Avez-vous pris garde que chaque fleur a des feuilles différentes de celles des autres; que quelques-unes sont bigarrées de toutes les couleurs que vous pouvez nommer, et découpées en festons les plus délicats? En un mot, leurs beautés sont trop multipliées pour qu'on puisse vous les compter. Quand vous serez en état de lire les ouvrages d'histoire naturelle, vous serez étonnés de tout ce qu'elles offrent d'admirable. Mais vous êtes trop jeunes pour pouvoir comprendre ces livres à présent. Cependant je ne dois pas omettre de vous dire que toutes ces fleurs viennent ou de graines, ou d'ognons, ou de petites racines détachées des grandes, ce qu'on appelle marcottes.

Aucune de celles qui croissent ici ne viendrait à l'aventure dans les champs, parce que la terre n'y est pas assez riche pour elles. Il faut prendre beaucoup de peine pour les faire venir, même dans un jardin. Le jardinier est obligé de leur donner des soins continuels. Il faut surtout qu'il n'oublie pas de les arroser chaque jour. La terre et l'eau sont pour les fleurs ce que la viande et le vin sont pour les hommes. Mais, comme elles sont muettes et attachées à une place, elles ne peuvent aller chercher des rafraichissements ni les demander. Le créateur a pourvu à leurs besoins par les douces ondées du printemps, ou le jardinier, qu'il instruit, répand sur elles avec son arrosoir une pluie bienfaisante.

Quelques plantes tendres et délicates ne viennent que dans une terre extrêmement légère. Elles ne pourraient percer à travers un terrain trop dur, pas plus que vous ne pourriez passer votre tête à travers une épaisse muraille. D'autres plantes sont fermes et vigoureuse; c'est pourquoi une terre légère s'éboulerait autour d'elles, et laisserait leurs racines découvertes; aussi celle-là réussissent mieux sur un sol d'argile. Quelques-unes demandent une grande quantité d'eau; elles viennent même dans les fossés et les puisards. D'autre enfin ne se plaisent que dans un terrain sablonneux.

On élève plusieurs plantes curieuses dans des serres chaudes. Elles ne croîtraient pas en plein air dans ce pays, parce qu'elles sont transplantées de pays étrangers, où il fait beaucoup plus chaud. Quoique vous soyez d'une constitution plus robustes que les fleurs, si vous étiez obligés d'aller dans un pays où le froid est beaucoup plus vif que dans celui-ci, vous ne seriez pas en état de le supporter comme ceux qui sont nés sous ces climats.

LES CARRIÈRES.

De ce que je viens de vous dire, mes chers amis, vous devez conclure qu'il y a une grande variété dans ce qui croît sur la surface de la terre; mais quelle serait votre admiration si vous connaissiez tout ce qu'elle renferme au-dessous! C'est de son sein qu'on a tiré les grés qui pavent nos rues et nos grands chemins, et ce joli gravier d'un jaune rougeâtre répandu sur les allées pour en bannir l'humidité, et faire un contraste agréable avec le vert tendre de la charmille. La porcelaine et la faïence de notre buffet; la poterie commune, d'un si grand usage dans la cuisine; les briques dont nos appartements sont carrelés, les tuiles qui couvrent nos toits, tout cela n'est que de la terre, d'une pâte plus ou moins fine, pétrie et cuite au four. Nos verres et nos bouteilles, les vitrages de nos fenêtres, sont du sable fondu. Vous avez vu quelquefois dans vos promenades bâtir des maisons? Eh bien, la chaux, le mortier, le plâtre, le ciment qu'on a mis entre les pierres pour les lier ensemble et les affermir, venaient du sein de la terre : ces pierres elles-mêmes, entassées les unes sur les autres jusqu'à une si grande élévation au-dessus de nos têtes, étaient ensevelies à de grandes profondeurs sous nos pieds. Il en est ainsi du marbre qui pare nos consoles et nos cheminées, et de l'ardoise qui couvre nos pavillons. Les endroits creusés pour en retirer ces divers matériaux s'appellent carrières.

LES MINES DE CHARBON ET DE SEL.

Il est des pays où, en creusant à certaines profondeurs, on trouve dans une espèce de carrière appelée mine, le charbon de terre que vous avez vu souvent décharger à la porte du serrurier notre voisin. Il ne servait autrefois qu'à des usages domestiques, mais aujourd'hui, c'est de ce combustible qu'on extrait le gaz. Le gaz extrait, il reste du coke; c'est avec ce coke qu'on alimente les machines à vapeur, les locomotives qui entraînent les wagons sur les chemins de fer.

Le charbon de bois ne vient point dans la terre; mais il s'y fait dans de grandes fosses, où l'on jette du bois pour le faire brûler. Lorsqu'il est bien enflammé, on le recouvre afin de l'éteindre, avant qu'il soit au point de se réduire en cendres. Il est aussi des mines de différentes espèces de sel, qu'il est inutile de vous nommer encore. Je ne vous parlerai que du sel commun.

En quelques endroits, le sel de ces mines est si dur, qu'on peut le tailler comme du marbre et en faire des statues. Ce qu'il y a de singulier, c'est que le feu le fait fondre encore plus promptement que l'eau. Le sel nous vient plus communément de l'eau de mer, qu'on fait entrer dans une espèce de bassin peu profond, et qu'on laisse évaporer au soleil. Quand l'eau est tout évaporée, le sel reste en croûte dans ces bassins, qu'on appelle salines.

LES MINES DE MÉTAUX.

Je ne vous ai pas dit la moitié des richesses qui se trouvent dans les entrailles de la terre : on en tire l'or, l'argent, le cuivre, le fer, le plomb et l'étain. C'est ce qu'on appelle métaux.

Regardez ma montre; elle est d'or, ainsi que les louis, les doubles louis et les demi-louis. On peut battre l'or et l'étendre en feuilles plus minces que du papier. L'espagnolette de mes croisées, les sculptures de mon salon, les chenets de mon foyer, ne sont pas d'or, quoique vous ayez pu l'imaginer; on n'a fait que les couvrir de ces feuilles d'or légères. L'or est le plus précieux de tous les métaux.

L'argent, quoique inférieur à l'or, est cependant très estimé. Cet écu et ces petites pièces de monnaie sont d'argent. On l'emploie aussi pour les flambeaux, la vaisselle plate, et une infinité d'autres ustensiles dont les gens riches font usage. L'argent, couvert d'une feuille d'or, s'appelle vermeil. Le cuivre sert à faire les sous, les liards et toute la basse monnaie. On l'emploie aussi ordinairement pour faire nos poêlons, nos casseroles et nos chaudières. Mais l'usage en serait très dan- gereux, si l'on n'avait la précaution de les doubler d'étain en dedans; c'est ce qu'on appelle étamer.

Le fer est le métal le plus commun, mais le plus utile. La plupart des instruments dont on se sert pour la culture de la terre et pour les différents métiers sont de fer. L'acier est une espèce de fer raffiné et purifié dans la trempe par le mélange de quelques ingrédiens. Les couteaux, les ciseaux, les rasoirs, les aiguilles, sont d'acier. Le plomb est aussi d'un très grand usage. Vous savez combien il est pesant. On en fait des réservoirs pour contenir l'eau, des tuyaux pour l'amener des sources, des gouttières pour ramasser la pluie qui dégoutte des toits, et la conduite hors de la maison. On en fait aussi des poids pour les balances, les tournebroches et les horloges. L'étain est un métal blanchâtre plus mou que l'argent, mais plus dur que le plomb. Il sert à faire des bassins, des écuelles, des assiettes et des cuillers pour les gens qui n'ont pas le moyen d'en avoir d'argent. Tous ces différents métaux se trouvent en mines dans la terre. On y trouve aussi ce qu'on appelle les demi-métaux, tels que le vif-argent dont on couvre le derrière des miroirs, le zinc, l'antimoine, etc., que l'on mêle avec les métaux, pour en faire des métaux composés, comme le laiton, le bronze, etc.

LES MINES DE PIERRES PRÉCIEUSES.

C'est encore dans la terre que l'on trouve les pierres précieuses, telles que le diamant qui est proprement sans couleur, le rubis qui est rouge, l'émeraude qui est verte, le saphir qui est bleu. Je ne vous parle que des principales, parce que le détail en serait trop long. Il faut autant de patience que de travail pour les tailler et les polir. Regardez les diamans de cette bague : vous voyez qu'ils sont taillés à plusieurs facettes : c'est afin que la lumière, se réfléchissant d'un plus grand nombre de points, leur donne plus d'éclat. Il est une espèce de caillou que l'on taille aussi en forme de diamant pour en garnir des boucles et des colliers; mais il est bien loin d'avoir le même feu. On le reconnaît à sa transparence plus terne. C'est ce qu'on appelle pierres fausses.

Vous voyez, mes amis, qu'il n'est pas une seule chose qui ne puisse servir à satisfaire agréablement notre curiosité, lorsqu'on sait l'examiner avec attention. Quelle folie de se plaindre de n'avoir rien pour se divertir, lorsqu'on peut trouver de l'amusement dans tous les objets de la nature! Mais si vous n'êtes pas fatigués, je pense que vous devez avoir faim : et je crains que notre dîner ne se refroidisse. Ainsi hâtons-nous de gagner la maison. Je vous en ai dit assez pour occuper votre mémoire jusqu'à demain, où je me propose de faire avec vous une autre promenade.

HISTOIRE DES PLUS REMARQUABLES ANIMAUX.

LES QUADRUPÈDES.

LES SINGES.

Je vais d'abord vous parler des animaux qui vous sont le plus inconnus. Je commence par le singe parce que c'est celui qui s'approche le plus de l'homme. Quelques espèces de singes montrent tant de sagacité, de prudence, de mémoire et de jugement, qu'on les croirait animés par une intelligence humaine.

Les singes habitent les forêts des pays chauds, quelques-uns perchent sur les arbres, beaucoup savent se construire avec des branches d'arbres, des cabanes commodes, presque tous ont l'habitude de saluer par des cris, la naissance et le déclin du jour, ils ont l'oreille tellement fine qu'ils entendent leur ennemi à la distance d'un mille. Ces animaux se nourrissent de racines, de fruits et de légumes; quelques-uns mangent des coquillages et des crabes. Les singes sont fort laids; ils ont les membres très forts, et sont très enclins à voler, à déchirer, à casser; ils sont très adroits dans toutes leurs actions, ils témoignent en tout temps leurs passions d'une manière très expressive. Si on les bat, quelques-uns, soumis à l'éducation de l'homme, ont l'art de soupirer, de gémir, de pleurer comme des enfants, et de pousser, suivant les cas, des cris d'épouvante, de douleur, de colère ou de dérision.

Il y a des races de ces animaux qui observent, entre eux une certaine discipline, et exécutent tout avec une adresse admirable.

La face des singes, mobile comme celle de l'homme, se prête à mille grimaces, et admet mille contorsions, qui, jointes à leurs gestes ridicules et extravagants, donnent le spectacle le plus risible et le plus divertissant, et comme il y en a qui sont susceptibles d'une sorte d'éducation, on en voit aussi qui sont d'excellents pantomimes et portés à l'imitation de tout ce qui se présente devant leurs yeux, par leurs gestes, ils répondent quelquefois avec intelligence, ils demandent ou grondent, affectent un geste et une contenance qui ressemblent beaucoup aux attitudes humaines; il y en a qui apprennent parfaitement à faire ce qu'on leur enseigne, même ce qu'on ne prétend pas qu'ils sachent.

L'ELÉPHANT.

L'éléphant est le plus grand des animaux qui vivent sur la terre. Sa force est prodigieuse; mais son naturel très doux, et il se laisse aisément gouverner par la voix de l'homme.

Il porte sur le museau une grande masse de chair qu'on appelle trompe, parce qu'elle est creuse et allongée comme une trompette. Il l'étend et la recourbe de mille manières, et s'en sert comme d'une espèce de main pour prendre sa nourriture et la porter à sa gueule. Il la manie avec tant d'adresse, qu'il parvient à déboucher une bouteille, et à ramasser à terre la moindre pièce de monnaie. Elle est assez forte pour soutenir de grosses pierres et déraciner des arbres.

Nous lisons dans l'histoire que c'était autrefois l'usage d'employer les éléphans dans les batailles. Ils portaient sur leur dos de petites tours de bois remplies de soldats, qui, de cette hauteur, lançaient au loin des traits et des javelots. Quand le combat s'animait, l'éléphant, harcelé par l'ennemi, entrait en fureur, enfonçait les rangs, et écrasait sous ses pieds tous ceux qui osaient lui disputer le passage.

Voudriez-vous monter sur un éléphant, Henri? Certes vous y feriez une aussi belle figure que la poupée de Charlotte sur un grand cheval.

Les dents de l'éléphant ont quelquefois plus de dix pieds de longueur. Ce sont elles qui nous fournissent tout l'ivoire employé à faire quelques-uns de vos bijoux, vos peignes, le manche de votre couteau, et une infinité d'autres ustensiles.

Les éléphants sont aussi employés comme monture de guerre ou de voyage. On leur met sur le dos une espèce de dais appelé *boudal*, dans lequel deux ou trois personnes peuvent commodément s'asseoir. Il est conduit par un cornac qui le dirige avec une verge de fer, et souvent même la parole suffit.

L'éléphant est aussi employé à la culture de la terre, et traîne la charrue comme font dans nos climats les chevaux et les bœufs.

LE RHINOCÉROS.

Le rhi-
nocéros
est après
l'éléphant
le qua-
drupède
le plus
massif,
le plus
puissant.
Il n'a pas
moins de
douze
pieds de longueur, huit de hauteur et
douze à treize de circonférence.

C'est, comme on le voit, un corps
énorme, sans grâces, supporté par des
jambes courtes, terminées par trois sa-
bots courts et arrondis, indiquant seuls le nombre des doigts. Il
est recouvert d'une peau noirâtre, privée de sensibilité, pleine de
tubérosités, presqu'entièrement dépourvue de poils, extrêmement
épaise. Elle l'empêcherait presque de se mouvoir, si la nature
ne lui avait ménagé, à l'endroit des articulations, d'énormes plis
qui sont comme les charnières de cette impénétrable armure.

Le rhinocéros se distingue des autres animaux par un organe qui lui est particulier, sa lèvre supérieure qu'il remue à volonté, cette lèvre lui sert comme la trompe à l'éléphant; avec elle il saisit les objets, tire les herbages, arrache les racines.

Il est encore remarquable par une corne qu'il porte sur le nez, et qui n'appartient qu'à lui. Cette corne, légèrement courbée en arrière, a trois ou quatre pieds de long, elle lui sert à se défendre contre ses ennemis, c'est une arme sûre et terrible; avec elle il déracine les arbres et laboure la terre pour découvrir les racines dont il se nourrit. Sa voracité est extrême, il ne lui faut pas moins de nourriture qu'à l'éléphant, et quand il est libre de la choisir, il préfère les arbustes épineux. Il est aussi fort avide de cannes à sucre et de toutes espèces de graines. Quand il a mangé la feuille d'un arbre il en divise le tronc avec sa corne en petites lattes et le dévore aussi.

La force du rhinocéros est prodigieuse, et ce serait peut-être le plus terrible des animaux si la nature lui avait donné des goûts carnassiers; mais comme il se nourrit de végétaux seulement, il ne cherche noise à aucun animal, et il est respecté de tous. Le tigre lui-même le suit souvent avec des regards féroces; mais il ose rarement l'attaquer, quand il s'y hasarde, il est presque toujours victime de sa témérité.

Si on ne fait pas attention à sa corne ni à sa lèvre supérieure, le rhinocéros présente l'aspect d'un énorme cochon. Il a, comme le cochon, la tête triangulaire, les yeux petits, sans éclat, les oreilles en cornet, pointues et situées très haut; mais c'est surtout par son peu d'intelligence et par ses habitudes ignobles qu'il ressemble le plus à cet animal grossier.

LE CHAMEAU.

Le chameau est une autre grande créature. Nous n'en avons point dans ce pays, si ce n'est ceux que l'on y amène à dessein de les montrer dans les rues pour de l'argent.

Au milieu des contrées où vivent les chameaux il y a de vastes déserts sablonneux, où l'on ne trouve ni une hôtellerie pour se reposer, ni même un arbre pour se mettre à l'abri des traits brûlants du soleil.

Cependant les marchands sont dans la nécessité de traverser ces sables arides pour porter les marchandises qu'ils veulent vendre d'une contrée à l'autre. Il leur serait impossible de traîner eux-mêmes de si lourdes charges; et les chevaux dont ils pourraient faire usage seraient réduits à périr de soif, parce qu'on ne trouve point d'eau sur la route. Le chameau se charge des fardeaux les plus pesans, les porte avec autant de patience que de légèreté, et ne demande point de raffraîchissements dans sa marche.

LA GIRAFFE.

La giraffe n'a rien d'élégant ni de gracieux dans le détail de ses formes : son corps est court, ses jambes hautes et rapprochées, son col énorme; elle a de dix-huit à vingt pieds de hauteur; sa croupe basse est mal arrondie, et sa queue longue est nue. Elle paraît mal assise sur ses pieds, et cependant on est saisi d'étonnement à son aspect, et on lui trouve, sans pouvoir s'en rendre compte, je ne sais quelle beauté singulière.

La giraffe a la tête petite, allongée, mais fine et ornée de cornes. Ces cornes diffèrent de celles de beaucoup d'autres animaux, en ce qu'elles ne sont point caduques, c'est-à-dire susceptibles de tomber et de repousser périodiquement.

LE LION.

Le lion est le premier des animaux carnivores, le plus important de la féroce famille des chats. De tous les quadrupèdes qui mènent une vie indépendante et sauvage, et qui s'entredévorent dans les déserts profonds, le lion est celui qui inspire le plus d'intérêt. Son aspect est noble. Il a la démarche lente, solennelle et royale; il marche sans peur et sans bravade; sa face est expressive, son regard fier et déterminé, sa voix terrible. Une épaisse et riche crinière ombrage sa noble tête et son col; s'il est calme, elle flotte doucement au vent du désert, mais s'il entre en fureur, elle se dresse et se hérisse horriblement. Le reste de son corps est couvert de poils ras; sa queue est terminée par un gros flocon de poils; il possède dans ce membre une force telle, que d'un coup, il renverse l'homme le plus robuste. La taille des plus grands lions est de huit ou neuf pieds de longueur, ils ont quatre ou cinq pieds de hauteur.

LE TIGRE.

Le tigre égale et surpasse même le lion en grandeur; mais il est plus grêle et sa tête est plus arrondie, ses jambes sont proportionnellement plus longues, son museau court, ses mâchoires, armées de dents énormes et tranchantes, donnent à sa gueule une force prodigieuse, sa langue est couverte d'épines recourbées du côté de la gorge, de manière à lui donner la faculté d'enlever des lambeaux de peau d'un seul coup; ses pattes sont munies d'ongles puissants qui se dressent vers le ciel, et se cachent entre les doigts dans l'état de repos, par l'effet de ligaments élastiques, et ne perdent jamais leur pointe ni leur tranchant. Son pelage est d'un jaune vif en dessus, d'un blanc pur en dessous, partout irrégulièrement rayée de noir en travers, ce qui le distingue très bien de toutes les grandes espèces de chats; sa queue, noire au bout, est alternativement annelée de cette couleur et de blanc. Enfin c'est un des plus beaux et des plus élégants animaux que l'on connaisse. Il habite les Indes-Orientales et leur archipel, les déserts qui séparent la Chine de la Sibérie orientale, jusque entre les rivières d'Irtisch et d'Ischim, et même jusqu'à l'Obi, quoique rarement; il est commun dans le Bengale; mais jamais on ne l'a trouvé en deçà de l'Indus, de l'Oxus et de la mer Caspienne.

LE LÉOPARD.

Il est célèbre par son courage et sa cruauté, il a l'air féroce, le regard inquiet et cruel et les mouvements brusques; il pousse des cris semblables à celui d'un dogue en colère. Pour épier sa proie, il se place quelquefois sur la branche d'un arbre, le cou tendu et l'oreille au vent. Si une malheureuse antilope vient à passer; il s'élance sur elle et la manque rarement; le plus souvent il cherche sa proie en rampant par terre ; s'il rencontre un troupeau, il choisit une victime parmi les brebis ; s'il la manque du premier coup, il n'en choisit pas une autre, il s'arrête et se retire lentement en reculant, sans quitter des yeux le chien ou le berger et en leur lançant des regards furieux. Si on lui tire un coup de fusil et qu'on ne fasse que le blesser, il se précipite sur le maladroit, et c'en est fait de lui. Lors même qu'il est mortellement atteint, il est dangereux de s'en approcher avant qu'il ait rendu le dernier soupir ; car il ne manque jamais de chercher à tirer vengeance de son meurtrier.

LES BŒUFS.

Bonjour, Charlotte ; je ne vous attendais pas de si bonne heure. Je me flatte, par cet empressement, que mes instructions d'hier, vous furent agréables. Avez-vous vu Henri ce matin? Allons voir s'il est levé. — Comment, petit paresseux, n'avez-vous pas de honte d'être encore au lit? La matinée est charmante. Votre sœur et moi, nous voulons en profiter pour faire une petite promenade. Si vous désirez être de la partie, il n'y a pas de temps à perdre. — Fort bien ; vous voilà prêt. Faites votre prière, et partons.

Ne vois-je pas là bas la laitière qui trait les vaches ? Comme ces pauvres animaux paraissent joyeux en paissant dans la verte prairie ! J'imagine que l'herbe leur est aussi agréable que des confitures le seraient pour vous. Voyez de quels bons vêtements ils sont pourvus ! Comme ils ne peuvent s'en faire eux-mêmes, la nature leur en a donné qu'ils portent sur le dos dès leur naissance, et qui grandissent avec eux.

Tous les animaux qui, comme ceux-ci, ont quatre pieds, s'appellent quadrupèdes. Ils ne se tiennent point debout. Cette posture grotesque avec quatre jambes, leur serait en même temps incommode, parce que leur nourriture est attachée à terre, et qu'ils seraient à tout moment obligés de se baisser pour la prendre ; ce qui les fatiguerait terriblement. D'un autre côté, s'ils n'avaient que deux jambes, ils ne pourraient guère mouvoir leurs corps, beaucoup plus pesants que les nôtres. Vous voyez de quelle dure corne leurs pieds sont armés. Sans cette chaussure naturelle, ils seraient bientôt déchirés jusqu'au sang. Les grandes cornes pointues qu'ils ont sur la tête leur servent de défense contre ceux qui voudraient les attaquer. Savez-vous de quelle grande utilité sont pour nous les vaches et les bœufs ? Je vais vous le dire. Ne courez pas, Henri, voyez comme votre sœur est attentive !

Les vaches, ainsi que vous le voyez, donnent du lait en grande quantité. Il sert à faire la crême, le beurre et le fromage. On le met pour cela reposer dans de grandes jattes. Quelques heures après, la crême épaissie s'élève au-dessus. On retire cette couche avec de grandes cuillers, et il s'en forme bientôt une seconde, que l'on retire de même. Lorsqu'on l'a toute recueillie, on la met dans une espèce de petit tonneau, qu'on appelle baratte, et on la remue fortement avec un battoir passé dans le trou du tonneau, jusqu'à ce qu'à force de s'épaissir, elle devienne du beurre. Le reste est du lait de beurre, qui est très bon pour les enfants.

Le fromage mou et toutes les autres espèces de fromage se font également avec le lait. Je vous mènerai quelque jour dans la laiterie, pour être témoins de ces différentes préparations.

Remarquez bien ce superbe taureau; c'est le bœuf le plus vigoureux de la troupe, et le père de tous ces petits veaux qui tétaient encore leurs mères il y a quelques jours, et qui commencent à présent à paître auprès d'elles.

Mais d'où vient ce nuage de poussière sur le grand chemin? Ah! c'est un troupeau de bœufs qui passe. N'en soyez point effrayée, Charlotte. Remarquez comme ils souffrent patiemment qu'on les pousse à coups d'aiguillon. Un seul homme suffit à les gouverner, tant ils sont dociles! Il va les conduire au marché, où les bouchers les attendent pour les acheter. Lorsqu'ils seront tués, leur chair sera vendue à nos cuisinières pour notre dîner; et leurs peaux seront vendues aux tanneurs, qui en feront du cuir, nécessaire aux cordonniers pour les souliers et les bottes, et aux selliers pour les selles, les brides et les harnais. Leurs cornes même ne nous seront pas inutiles. On en fera des peignes et des lanternes.

Il est des pays où les bœufs n'ont rien à faire qu'à s'engraisser paisiblement, pour être conduits ensuite à la boucherie. En d'autres endroits, leur vie est aussi laborieuse que celle du cheval. On ne monte pas, il est vrai, sur leur dos; mais on en joint deux ensemble de front, et on leur attache autour des cornes, avec de fortes courroies, le timon d'une charrette ou d'un traîneau, ou le joug d'une charrue; et on les voit tirer avec force les fardeaux les plus lourds, et labourer profondément la terre la plus dure.

LES BREBIS.

Regardez ces innocentes brebis, avec ce fier bélier à leur tête, et ces jolis agneaux à leur côté. Quelle paisible famille! Douces créatures! vous êtes pourvues de bons habits. Ils vous seront d'un grand secours dans l'hiver et dans les nuits fraîches, où vous êtes obligées de coucher à la belle étoile, au milieu des champs. Mais ils vous donneraient trop de chaleur dans l'été. Eh bien, ne craignez pas; on trouvera le moyen de vous en débarrasser sans vous faire souffrir. Aussitôt que les chaleurs étouffantes seront venues, le fermier vous réunira toutes ensemble dans la prairie. Alors de jeunes bergères viendront avec de larges ciseaux vous délivrer adroitement du poids incommode de votre toison. Vous sortirez de leurs mains plus légères, et vous courrez sautant et bondissant comme de petits garçons qui ôtent leurs habits pour jouer dans la campagne. La laine des brebis et des moutons est très-précieuse. On la vend aux cardeurs, qui la dégraissent; et de pauvres femmes, qui vivent dans des chaumières, la filent. N'avez-vous pas vu l'honnête Gothon, assise devant sa porte, chanter de vieilles romances en tournant son rouet, heureuse de penser qu'on la paierait assez bien pour l'empêcher de demander l'aumône?

Lorsque la laine est filée, puis tordue, les bonnetiers en font des bonnets ou des bas, et les tisserands en font des étoffes pour nos vêtements, ou des couvertures pour nos lits dans l'hiver.

Les pauvres moutons ne seraient pas si fringans s'ils savaient qu'ils doivent être, comme les bœufs, vendus aux bouchers. Ne pensez-vous pas qu'il est cruel de tuer ces innocentes créatures? En effet, mes enfants, c'est une pitié. Mais si l'on n'en tuait pas quelques-uns, il y en aurait bientôt un si grand nombre, qu'ils ne sauraient trouver assez d'herbage pour subsister, et que plusieurs par conséquent, seraient réduits à mourir de faim. Du moins, tant qu'ils vivent, ils sont aussi heureux qu'ils peuvent l'être. Ils ont de belles pâtures pour s'y nourrir et pour y jouer. En marchant à la boucherie, ils ne savent pas encore ce qu'on va leur faire. Lorsqu'on leur coupe la gorge, ils ne sont pas long-temps à mourir; et en expirant, ils n'ont pas le chagrin de laisser après eux des parens qui s'affligent, ou qui souffrent de leur perte.

Nous sommes obligés de les tuer pour soutenir notre vie; mais nous ne devons jamais être cruels envers eux tant qu'ils sont vivans. La peau de mouton sert à faire le parchemin qui couvre votre tambour, Henri; et la basane qui couvre votre livre, Charlotte.

LE CHEVAL.

On conduit aussi les chevaux au marché pour les vendre, non pas aux bouchers, mais aux maquignons qui les dressent. Leur chair n'est bonne à rien; c'est de la charogne : elle ne sert qu'à rassasier les loups et les corbeaux. Le cheval est une noble créature.

En voilà un de selle. Voyez comme il se dresse, et comme il bondit, maintenant qu'il est en liberté! Mais quoiqu'il soit très vigoureux, qu'il puisse renverser celui qui le monte, en s'élevant sur ses pieds de derrière, et le tuer d'une ruade, il est si doux, qu'il se laisse monter et guider où l'on veut. Son corps étant moins lourd que celui du bœuf, il a des jambes plus menues; en sorte qu'il se meut plus légèrement; et, sa croupe étant moins large, un homme peut aisément l'embrasser entre ses genoux. Il a aussi de la corne aux pieds; mais, comme il est grand voyageur, elle serait bientôt usée, si l'on n'avait le soin de lui donner des souliers de fer, pour empêcher qu'elle ne se brise. C'est le maréchal qui fait sa chaussure, et qui la lui attache avec des clous. Cette opération, faite avec adresse, ne lui cause aucune douleur.

Ces deux grands chevaux rebondis, d'une taille haute et d'une superbe encolure, sont destinés pour le carosse. Ils sont plus forts, mais moins léger que l'autre.

Ceux-ci, avec leurs jambes velues et leur crin négligé, sont des chevaux de charrette. Il y a une autre espèce de chevaux très fins et très léger : ils portent leurs maîtres à la chasse,

ou sont réservés pour les courses.

L'ANE.

Voilà un pauvre âne. Il fait une figure bien triste auprès d'une aussi belle créature que le cheval. Ne le méprisez pourtant pas à cause de sa mine : il a un grand mérite, je vous assure. Il est aussi patient qu'officieux, et il n'en coûte que bien peu pour le nourrir. Il se contente de quelques chardons qu'il broute le long des chemins, ou même de quelques feuilles sèches et d'un peu de son. Il ne demande ni écurie pour le loger, ni palefrenier pour le panser; en sorte que les pauvres gens qui ne sont pas en état de nourrir un cheval peuvent avoir un âne. Il tirera fort bien sa petite charrette, ou portera sa paire de paniers. Il ne dédaignera pas même de prêter son dos à un ramoneur. N'avez-vous pas vu de ces petits savoyards aux dents blanches et à la face noircie, grimpés sur un âne avec des sacs de suie, qu'ils portent aux teinturiers?

Je ne dois pas oublier de vous dire que le lait d'ânesse est un des meilleurs remèdes pour les maladies de poitrine. J'ai vu des personnes si faibles, qu'on les croyait condamnées à mourir, reprendre à vue d'œil leur santé, pour en avoir bu le matin pendant quelque temps. Ne serait-il pas affreux de traiter avec inhumanité des animaux si utiles. Je ne pardonnerai, je crois, de ma vie, à un petit polisson, que j'ai vu tourmenter une de ces pauvres créatures de la manière la plus cruelle.

LE CHIEN

Laissez-moi regarder à ma montre. Ho, ho! huit heures passées. Il est temps de retourner à la maison pour déjeûner. Voilà Champagne qui venait nous avertir. Médor est avec lui. Vous êtes content de nous trouver, n'est-ce pas, Médor? Nous sommes aussi bien aises de vous voir, je vous assure. Vous êtes un brave et fidèle compagnon. Voyez comme il remue sa queue, et comme il frétille! Il nous regarde d'un air si joyeux, que l'on croirait démêler un sourire sur sa physionomie. Dans le temps où nous sommes au lit et profondément endormis, Médor fait sentinelle, et ne permet pas aux voleurs d'approcher de la maison. Lorsque votre papa est à la chasse, Médor court d'un côté à l'autre à travers les champs, et fait lever le gibier, pour que votre papa le tire. Quoiqu'il soit très courageux, et qu'il exposât sa vie pour défendre son maître, si on osait l'attaquer, il est d'un si bon naturel, qu'il laisse les petits enfants jouer avec lui sans les mordre, pourvu cependant qu'ils ne lui fassent pas de mal. Le brave Médor ne demande d'autre récompense de ses services que de petites caresses, une légère nourriture, et la permission de nous accompagner quelquefois dans nos promenades. Il mérite bien notre attachement par celui qu'il nous témoigne ; aussi a-t-il été de tout temps le symbole de la fidélité.

LE CERF.

Voulez-vous traverser le petit parc en retournant à la maison ?

J'en ai heureusement la clé. Voyez Henri, ce beau cerf, avec ses cornes rameuses ! N'admirez-vous pas sa taille légère et son air noble et fier ? Voyez là-bas ces petits faons qui bondissent. Si leste que vous soyez, je parie que vous ne pourriez jamais cabrioler comme eux.

Cette espèce d'animaux n'est entretenue que par ceux qui ont des parcs fermés de hautes murailles. Ils aiment trop l'indépendance pour s'arrêter dans les champs, comme les vaches et les brebis,

Les grands seigneurs prennent souvent plaisir à chasser le cerf. Ils le lâchent hors du parc, et détachent à ses trousses une meute nombreuse de chiens. Leurs aboiements furieux, les cris et le son du cor des piqueurs qui les guident, le saisissent d'une telle épouvante, qu'il se sauve devant eux de toute la vitesse de ses jambes agiles.

Maintenant, allons prendre notre déjeûner. Je crois que cette promenade vous le fera trouver bon. Il n'est rien comme l'air et l'exercice pour aiguiser l'appétit.

LE CHAT.

Tandis que nous déjeûnons, j'ai quelques nouvelles à vous dire, Charlotte. Votre favorite Minette a fait des petits. Ils sont ici dans un panier. Appelez-la pour laper un peu de lait, et alors nous pourrons les regarder à notre aise. Entendez comme ils miaulent; voyez comme ils tremblotent. Ils ne peuvent pas y voir encore; mais dans neuf jours leurs yeux seront ouverts, et alors ils commenceront à faire mille tours de souplesse. Lorsque leur mère leur aura appris à attraper les souris, elle les laissera pourvoir d'eux-mêmes à leur

subsistance; et, au lieu de se donner la moindre inquiétude à leur
sujet, elle leur allongera un bon coup de patte sur le museau s'ils
osaient prendre des libertés avec elle. Mais elle sera une bonne
mère pour eux aussi longtemps qu'ils auront besoin de ses secours.
Ils n'ont pas droit de prétendre qu'elle leur attrape des souris
pendant toute leur vie, lorsqu'ils seront aussi adroits qu'elle à
cette chasse. Les souris sont de jolies petites créatures, mais elles
font beaucoup de dommage, aussi bien que les rats. Si nous n'a-
vions pas de chats pour les détruire, nous en serions bientôt désolés.

Je n'aurais jamais fini si je voulais dénombrer toutes les espèces
d'animaux qui vivent sur la terre.

LE ZEBRE.

Les anciens
appelaient cet
animal, *cheval
tigre;* certains
voyageurs mo-
dernes lui don-
nent le nom
d'*âne rayé.* Le
zèbre n'est ni un
cheval, ni un
âne; il est de son
espèce, mais il ressemble au cheval et à l'âne : plus au premier
qu'au dernier. Le zèbre, dit Buffon, est peut-être de tous les ani-

maux quadrupèdes, le mieux fait et le plus élégamment vêtu. Il a la
forme et les grâces du cheval, la légèreté du cerf, et la robe rayée
de rubans noirs et blancs, disposés alternativement avec tant de sy-
métrie, qu'il semble que la nature ait employé la règle et le com-
pas pour la peindre : ces bandes alternatives de noir et de blanc
sont d'autant plus singulières qu'elles sont étroites, parallèles, et
très exactement séparées, comme dans une étoffe rayée ; que d'ailleurs elles s'étendent non seulement sur le corps, mais sur la tête,
sur les cuisses et les jambes, et jusque sur les oreilles et la queue ;
en sorte que de loin cet animal paraît comme s'il était environné
partout de bandelettes qu'on aurait par plaisir, mis beaucoup d'art à
disposer régulièrement sur toutes les parties de son corps.

LE CASTOR.

Le castor est un des animaux les plus intéressants.

On a publié beaucoup d'exagérations sur le castor. Je ne veux vous dire que la vérité. Toute l'intelligence du castor consiste à se créer une habitation sûre et commode, mais il déploie dans cette opération une sagacité déjà bien remarquable.

Les castors ne vivent pas ordinairement en société depuis le commencement du printemps jusqu'à l'automne ; ils restent solitaires dans les bois où ils élèvent leurs familles dans des terriers qu'ils creusent le long des ruisseaux ; ce n'est qu'à l'approche de l'hiver et dans certains pays seulement très déserts qu'ils commencent leurs constructions.

Lorsque les castors veulent fonder un établissement, ils commencent par construire une digue pour contenir les eaux, ensuite pour construire leurs cabanes ils apportent dans un endroit abrité par la digue une grande quantité de petites branches, de pierres et de limon. Ils donnent à cet amas une forme conique, dont la moitié est submergée, alors ils se creusent dans cette hutte, raz le fond de l'étang, un trou rond qu'ils élargissent, au milieu du tas de matériaux et de manière à lui donner une forme analogue à celle d'un four ; c'est là qu'ils déposent les provisions d'écorces destinées à les nourrir pendant l'hiver. Ils percent un autre trou dans le dôme de ce magasin, puis ils élargissent également ce trou en forme de four, et font ainsi deux pièces l'une sur l'autre et n'ayant qu'une seule et même issue. Cette dernière pièce n'est pas submergée comme la précédente, elle est au-dessus des eaux les plus hautes, et la famille peut y dormir à sec.

La portion occupée par le castor est garnie de feuillage et tenue dans un parfait état de propreté ; chaque cabane sert à loger depuis trois jusqu'à dix castors, quelquefois même, mais rarement,

elle en contient jusqu'à vingt-cinq à trente. Ces cabanes sont assez
près les unes des autres pour que les castors puissent avoir entre
eux des communications faciles. Si la digue vient à être endom-
magée, toute la communauté travaille de concert à la réparation.
Les cabanes correspondent avec des terriers établis le long du
rivage, et dans lesquels se réfugient les castors lorsque l'on atta-
que leur habitation. On dit qu'ils posent des sentinelles autour de
leur village, pour être prévenus de la présence de l'ennemi; à un
signal donné par ces sentinelles, toute la troupe prend la fuite,
gagne le fond de la rivière ou les terriers.

Le castor atteint trois ou quatre pieds de longueur; sa fourrure
se compose de deux sortes de poils; l'un court, épais, fin et im-
perméable à l'eau, recouvre immédiatement la chair; l'autre, ferme,
long et grossier, revêt le premier et le met à l'abri de toute souil-
lure. Le premier seul est employé dans le commerce de la pelle-
terie, c'est avec ce poil qu'on fait les beaux chapeaux de castor,
que vos papas, vos mamans, et vous-mêmes, chers enfants, portez
l'hiver. Le pelage des castors varie suivant le pays qu'ils habitent.
Les castors du nord sont d'un beau noir et quelquefois blancs.
Ceux de France et du Canada sont d'un brun roux; ceux du pays
des Illinois sont d'un fauve pâle; il y en a de tout à fait blancs.
Ils ont les pieds de derrière palmés, ce qui leur donne une grande
facilité pour nager. Leur queue, plate et large leur sert de gouvernail. Je pourrais vous dire des choses étonnantes d'une quantité
d'autres animaux; mais j'espère que vous aurez assez de curiosité
pour vous instruire un jour, dans des livres d'histoire naturelle,
de tout ce qui les concerne.

Maintenant je vais vous parler des oiseaux.

LES OISEAUX.

LA POULE.

Si vous avez fini de dé-jeûner, et que vous ne sen-tiez pas trop de fatigue, nous irons dans la basse-cour. Prenons chacun une bonne poignée de grains : je suis sûre que nous serons les bien-venus.

Voyez quelle nombreuse couvée de poussins a cette poule blanche! Elle prend autant de soins d'eux que la femme la plus tendre de ses enfants. Henri, ne cherchez point à attrapper les petits poulets; elle vole-rait sur vous. Hier encore, ils étaient dans la coquille. Elle avait posé ses œufs dans un panier au coin de la volière. Elle les a couvés pendant trois semaines, et ne les a quittés qu'un moment à la dérobée pour manger, de peur qu'ils ne périssent de froid, s'ils étaient privés de la chaleur qu'elle leur communique. Aussitôt qu'ils ont été assez forts, ils ont rompu la coquille, et sont sortis d'eux-mêmes. Elle leur apprend déjà à fouiller du bec dans la terre, pour chercher du grain et des vermisseaux. Lorsqu'elle craint que quelqu'un n'ait envie de leur faire du mal, elle s'élance sur lui avec la fureur et le courage d'un lion. Pauvre poule, que vas-tu devenir? Voyez-vous cet oiseau de proie qui la guette? Oh, comme cette tendre mère est effrayée! Les petits poussins se couchent sur le dos, attendant à tout moment d'être emportés dans les serres de leur ennemi. Leur mère court autour d'eux dans des angoisses mortelles; car il est trop fort pour qu'elle puisse le combattre. Allez, Henri, appelez Thomas, et dites-lui d'accourir tout de suite avec son fusil. Va, ma pauvre poule, l'épervier n'aura pas tes petits. Maintenant que nous l'avons chassé, viens chercher le grain que nous t'avons apporté pour ta famille.

Nous avons besoin d'œufs, Charlotte; voyez s'il y en a dans le poulailler. Bon, vous en avez trois. Ils sont pondus d'aujourd'hui. Il n'y a pas encore de poulet vivant dans la coquille; mais, si nous les laissions quelque temps sous la poule, il viendrait un poulet dans chacun. Toute espèce de volaille et d'oiseau vient aussi d'œufs, plus ou moins gros, suivant la grosseur de l'animal qui les produit. Il est possible de faire éclore les œufs dans des fours; et j'ai lu que c'était l'usage ordinaire en Égypte. Aussitôt que les jeunes poussins sortent de leur coquille, ils sont mis sous la tutelle d'une poule, qui, ayant été dressée à cet emploi, les conduit et les élève, becquetant pour eux avec la même tendresse que si elle était leur véritable mère. Certainement c'est une chose très curieuse; mais je suis bien loin d'approuver ces procédés contre nature. Nous pouvons bien avoir un nombre suffisant de poulets par la méthode naturelle. Je suis ravie de savoir qu'on a voulu essayer, dans ce pays, de faire naître les poulets dans des fours, et qu'on a rejeté ce moyen.

Il y a une autre coutume aussi bizarre, mais qui cependant est très commune parmi nous; c'est de mettre des œufs de cane couver sous une poule. Vous auriez peine à concevoir la détresse que cela occasionne à cette seconde mère. Ignorant l'échange qui a été fait, elle suppose qu'elle a couvée ses propres petits; car elle n'a pas assez d'intelligence pour réfléchir sur cet objet. C'est pourquoi, lorsqu'elle voit les canetons se plonger dans l'eau, suivant leur instinct, elle est saisie pour eux des craintes les plus vives, tremblant qu'ils ne se noient. Cependant elle n'ose les suivre, parce qu'elle ne sait pas nager. Vous auriez pitié de la pauvre bête, en la voyant courir autour de la mare, appelant ses nourrissons, et remplissant l'air de ses plaintes.

Il est fâcheux d'être obligé de tuer les pauvres poulets; mais, comme je vous l'ai dit au sujet des bœufs et des moutons, si nous les laissions tous vivre, ils mourraient de faim, ou nous réduiraient au même danger, en mangeant tout le grain de nos provisions, en sorte que nous n'aurions plus ni pain ni viande pour soutenir notre vie. Mais nous prendrons soin de les bien nourrir, de ne pas les tourmenter, et lorsque nous les tuerons, nous les ferons souffrir le moins possible. Je ne pourrais jamais me résoudre à égorger de mes mains une créature vivante; je plains, sans les condamner, ceux qui, par état, sont forcés d'exécuter cette cruelle opération.

Les poules ont les pattes armées d'ongles très pointus, pour pouvoir fouiller dans le fumier et devant la porte des granges, où elles trouvent toujours une provision suffisante de grains. Leurs pieds ont aussi plusieurs jointures, en sorte qu'en dormant la nuit, elles se tiennent fortement accrochées aux juchoirs; ce qui les empêche de tomber pendant leur sommeil.

Les coqs, leurs maris, ont autant de courage que de beauté, de force et d'orgueil. Ils combattent quelquefois entre eux jusqu'à ce que l'un ou l'autre reçoive la mort. Il y a, en Angleterre, des gens assez cruels pour trouver de l'amusement dans ces meurtres.

Ils prennent deux de ces belles créatures, et attachent à leurs jambes des éperons d'acier très aigus ; ensuite ils les mettent au milieu d'une place ronde couverte de gazon, et se tiennent tout autour, criant, jurant et faisant des paris insensés, tandis que les deux fiers combattants se déchirent de blessures si cruelles, qu'ils meurent quelquefois sur la place. O Henri ! j'espère que vous ne prendrez jamais part à ces jeux barbares. Je vois que votre cœur se révolte au seul récit que je vous en fais. Je pourrais encore vous dire que ces spectacles ont causé souvent la ruine de ceux qui risquaient leur fortune sur l'événement du combat ; mais je me flatte qu'avant de devenir homme, vous prendrez des sentiments d'humanité qui vous en éloigneront pour toujours, sans avoir besoin de ce motif.

LE PAON, LE COQ-D'INDE.

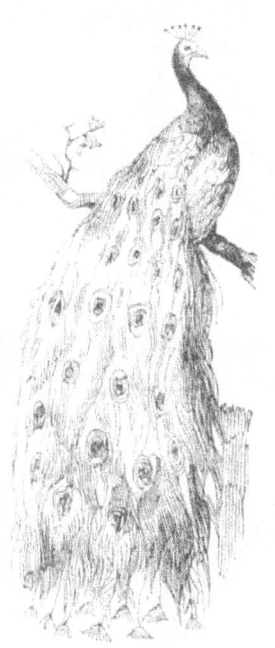

Éloignons de notre esprit de si tristes images, pour reposer nos regards sur ce paon majestueux. Avez-vous vu jamais une plus brillante parure? Avec quel orgueil il étale en forme de roue sa queue étoilée! On dirait que le soleil se plaît à la faire étinceler des plus vives couleurs.

Une de ses plumes est tombée à terre; examinez-la bien : plus vous la regarderez de près, plus elle vous paraîtra admirable. Ses pieds ne sont pas, à beaucoup près, si beaux; tant il est vrai qu'on ne possède jamais tous les avantages. La chair du paon est assez bonne à manger. Elle servait même autrefois dans les festins d'appareil de la chevalerie. Mais qui pourrait se résoudre à égorger un si bel oiseau?

Ne soyez pas effrayé de ce coq-d'Inde, Henri. Il a l'air fanfaron; mais il ne possède en effet que très peu de courage. Marchez à lui sans crainte; il fuira devant vous. Une taille haute, vous le voyez, n'annonce pas toujours un grand cœur. Cet oiseau nous vient de l'Inde; mais il s'est fort bien naturalisé dans ce pays, et sa chair est d'un très bon goût.

LE FAISAN, LE PIGEON.

Ne croiriez-vous pas que l'on a peint et doré le plumage de ces faisans de la Chine? Ils sont moins beaux que le paon, mais ils sont plus variés. Rien n'est délicat comme la chair du faisan.

Élevé dans la basse-cour, le faisan est un objet d'industrie domestique, aussi lucratif qu'agréable, mais abandonné au milieu des champs, il est un fléau pour l'agriculture, puisqu'il ne se contente pas, comme la perdrix, de couper les premières feuilles du froment, du seigle, de l'avoine, à mesure qu'elles poussent. Il fouille la terre saisit le germe et le mange.

La durée ordinaire de la vie du faisan est de sept à huit ans.

A l'état libre, le faisan se tient dans les bois, en plaine où se trouvent une ou plusieurs petites rivières conservant leur eau limpide.

Voyez aussi quelle diversité de couleurs dans ces pigeons. Les plumes de tous ces oiseaux nous servent pour mille embellissements dans notre parure. Et jusqu'à celles du hibou, il n'en est pas qui ne soient dignes d'occuper nos regards, d'exciter notre admiration et de satisfaire notre curiosité. L'esprit reste confondu quand il examine les œuvres si diverses du Créateur, nous lui devons des actions de grâces quotidiennes pour ses innombrables bienfaits.

LE CYGNE.

Prenez garde, Henri, n'approchez pas tant du bord du canal. Venez à mon côté.

Bon! donnez-moi la main. Nous sommes assez près pour être à portée de voir ce cygne superbe. Comme il navigue majestueusement sur les eaux, sans en troubler la surface! Voyez-le déployer de temps en temps ses ailes argentées, et plonger son cou long et recourbé. Voyez sa compagne, avec quelle fierté elle conduit sa naissante famille! Ses petits ne sont encore que d'un gris cendré; mais bientôt l'œil sera ébloui de la blancheur de leur plumage. Le cygne est un animal que les nobles et les princes affectionnent beaucoup. Ils aiment à le voir dans les bassins de leurs parcs. Souvent on les attache deux ensembles avec des chaînes d'or, mais si belles et si brillantes que soient ces chaînes, je suis sûre que ces beaux oiseaux préfèrent encore la liberté et l'indépendance dans les hautes régions du ciel, et sur les grands étangs où ils aiment à se jouer. Les cygnes vivent de racines, de graines et de vers. On en connaît trois espèces : le cygne à bec rouge, le cygne à bec noir qui ont le plumage blanc, et le cygne noir, qui habite la Nouvelle-Hollande, et qui est entièrement noir excepté le bout des ailes qui sont blanches.

L'OIE.

Cette pauvre oie qui ressemble tant au cygne pour la forme, est loin d'avoir sa grâce et sa beauté! Elle ne fait que criailler d'une voix rauque et glapissante, et se dandiner niaisement dans sa lourde allure. Gardons-nous toutefois de la mé-

priser, pour n'avoir pas les avantages extérieurs de sa rivale. Le cygne n'a rien à nous fournir que son duvet pour nos houppes à poudrer, nos manchons, la garniture de nos robes et de nos pelisses. L'oie, au contraire, nous donne sa chair pour nos repas, et nous lui sommes en quelque sorte redevables de tous ces bons livres de science et d'agrément que nous lisons, puisqu'avant d'être imprimés, ils ont d'abord été écrits avec des plumes tirées de ses ailes

Les oies ont le cri aigu; le bruit le plus léger les éveille et toutes ensemble se mettent à crier. Ce qui a fait dire qu'elles étaient plus vigilantes même que les chiens. Tout le monde sait que les oies enfermées au Capitole ont sauvé les Romains en les prévenant de l'approche des Gaulois.

On a fait aux oies une réputation bien imméritée de stupidité.

5

Car même en l'état de domesticité, elles sont douées d'un instinct fort remarquable, et l'on cite d'elles des traits fort singuliers d'attachement et de reconnaissance.

LE CANARD

Regardez à présent cette cane, suivie de sa jeune couvée de canetons. Où courent-ils donc ainsi, d'un air si empressé? Bon : les voilà tous dans l'eau. Voyez avec quelle assurance ils y plongent! Vous auriez, j'imagine, une belle frayeur à leur place.

Le cygne, l'oie et le canard sont, comme je vous l'ai dit, des oiseaux aquatiques, et vivent sur l'eau et sur la terre. Remarquez, je vous prie, leurs pattes : vous verrez que toutes les parties en sont liées ensemble par une mince membrane. Il en est de même de tous les oiseaux d'eau. Ils les emploient comme ces rames dont vous avez vu les bateliers se servir pour conduire leur chaloupe.

L'espèce du canard se partage en deux grandes familles, celle des canards domestiques et celle des canards sauvages. Les canards sauvages ne viennent en France que pour passer l'hiver. Au printemps, ils retournent dans des contrées plus froides.

LES OISEAUX D'EUROPE.

Les oiseaux d'Europe ne sont pas à beaucoup près aussi beaux que ceux de l'Amérique ou d'Afrique. Toutefois je dois vous en dire quelques mots, car ce sont ceux que vous connaissez le plus.

LE CHARDONNERET.

Ce joli petit oiseau est remarquable par son plumage gracieusement varié et pur, son bec long et aigu, son front et sa gorge sont d'un rouge éclatant, une calotte noire couvre le dessus de sa tête et se prolonge des deux côtés du cou, son dos et sa poitrine sont d'un roux brun, son ventre est Isabelle, ses ailes noires sont marquées d'une tâche jaune se terminant par un blanc éblouissant. La queue est également noire.

Ce petit oiseau aime beaucoup les graines du chardon et s'en nourrit de préférence à toutes autres, voilà pourquoi on lui donne le nom de chardonneret.

C'est ordinairement sur les noyers ou sur les pruniers que cet oiseau fait son nid, et il le place à l'extrémité des branches.

Le chardonneret vit jusqu'à vingt ans.

LE SERIN.

Voilà un oiseau que vous connaissez bien, j'espère. Vous croyez peut-être, tant sa famille est nombreuse dans nos climats que ce joli petit oiseau est originaire de France. Eh bien! détrompez-vous.

Les premiers serins vus en France viennent des îles Canaries situées près des côtes d'Afrique. C'est donc à tort que je le classe parmi les oiseaux d'Europe, mais il est aujourd'hui si commun dans toute cette partie du Globe, que je n'ai pas hésité à faire cette petite infraction. Acclimaté dans nos pays, le serin est devenu le musicien de nos demeures. On lui apprend toutes sortes d'airs avec une serinette, il les chante parfaitement et les répète avec une très grande précision. Il est sensible aux caresses qu'on lui fait, c'est le compagnon gai et fidèle du pauvre comme du riche; pour aimer son maître ou sa maîtresse, il ne regarde pas s'il est misérable ou opulent.

Le serin a une très grande finesse d'instinct.

Le serin parle et on l'entend souvent adresser à sa maîtresse les doux noms de *petit cœur, petite mignonne*, etc., etc.

LES MÉSANGES.

LA MÉSANGE BLEUE.

Les mésanges sont de petits oiseaux dont la manière de vivre s'éloigne de celle de tous les autres oiseaux. Toutes les mésanges sont en général vives, agissantes et courageuses, on les trouve sans cesse en mouvement, elles sautent, elles voltigent d'arbre en arbre, elles mangent de tout, aussi explorent-elles un arbre de haut en bas. Elles restent presque toujours sur la lisière des bois et ne s'enfoncent pas dans l'obscurité des forêts. L'été elles mangent des abeilles, des mouches, des punaises de bois, des chenilles et un grand nombre d'autres insectes. L'hiver elles se nourrissent de graines sèches et des fruits à écorces très dures comme les noisettes, les glands, les chataignes. Elles ont le bec très dur et frappent dessus à coups redoublés jusqu'à ce qu'elles aient découvert l'amande. On les prend pour les mettre en cage, mais elles ne vivent pas longtemps en captivité.

Les mésanges sont en général parées de brillantes couleurs.

La mésange bleue a une calotte azurée bordée de blanc sur l'occiput, le reste de la tête noir et blanc, le dessus du corps est cendré, olivâtre, le dessous est jaune citron.

LES OISEAUX DE PASSAGE.

Il est plusieurs espèces d'oiseaux appelés oiseaux de passage, tels que les grues, les canards sauvages, les pluviers, les bécasses, les hirondelles, etc., qui ne résident pas constamment dans un même endroit, mais qui vont de pays en pays, cherchant un climat favorable, suivant les différentes saisons de l'année. Ils se réunissent tous ensemble en un certain jour marqué, et prennent leur vol en même temps. Plusieurs traversent les mers, et volent jusqu'à trois cents lieues; ce que l'on aurait de la peine à croire, sans le témoignage répété de plusieurs voyageurs dignes de foi.

OISEAUX ÉTRANGERS.

Je ne finirais pas de la journée, si j'entreprenais de vous peindre les oiseaux qui vivent dans ce pays. Que serait-ce donc, si je voulais vous entretenir de tous ceux que l'on a reconnus sur les différentes parties de l'univers! Il est des livres fort amusants où l'on a fait leur histoire, et où vous pourrez les voir représentés avec leurs couleurs naturelles. En attendant que vous soyez en état de lire ces ouvrages avec fruit, je me borne à vous parler de quelques oiseaux seulement, et je choisirai les plus petits et les plus grands de toute l'espèce. Commençons par les plus petits.

LE COLIBRI.

À voir le colibri, on dirait que la nature a pris plaisir à former sa taille élégante, et à rassembler sur son plumage, les plus belles couleurs dont elle a peint celui des autres oiseaux. Les nuances en sont si délicates et si bien mélangées, que son coloris semble varier à chaque nouveau coup d'œil. Sa queue est composée de neuf plumes, qui vont s'allongeant en éventail; et les deux dernières sont deux fois plus longues que tout son corps. Le mâle porte sur sa tête une petite huppe, où sont réunies toutes les teintes qui brillent sur ses ailes. Ses yeux sont noirs, et étincellent de vivacité. Son bec, de la grosseur d'une aiguille, est long et un peu courbé. Sa langue, qu'il en fait sortir bien au dehors, lui sert à pomper jusqu'au fond du calice des fleurs, la rosée qui les baigne, ou à gober les insectes qui s'y réfugient. Il se nourrit aussi de la poussière des fleurs d'orange, de citron et de grenade, qu'il recueille en voltigeant comme un papillon, presque toujours sans s'y reposer. Son vol est si rapide, qu'on entend cet oiseau plutôt qu'on ne le voit. Le mouvement de ses ailes produit un bourdonnement pareil à celui des grosses mouches. Il se balance comme elles dans l'air, et paraît quelquefois y rester immobile. Dans les contrées où les fleurs n'ont qu'une saison, on dit qu'à la fin de leur règne, il se tapit sur la branche d'un arbre, et y reste dans un état d'engourdissement jusqu'à leur retour; mais, dans les pays où les fleurs se succèdent sans cesse, on a le plaisir de le voir toute l'année.

Il aime à suspendre son nid aux rameaux des orangers, qui ne plient certainement pas sous la charge. Ces nids, dont la forme est celle d'une demi-coque d'œuf, sont construits avec de petits brins d'herbe sèche, et tapissés d'une espèce de coton très fin et très doux. La femelle ne pond que deux œufs de la grosseur d'un pois, qu'elle couve avec beaucoup de soin et de tendresse. Quand les petits sont éclos, ils ne paraissent pas plus gros que des mouches. Peu à peu, ils se couvrent d'un duvet aussi léger que celui des fleurs, et bientôt après de plumes brillantes.

La manière de les prendre est de leur jeter une poignée de gros sable lorsqu'ils volent à une petite portée, ce qui les étourdit, ou de leur tendre des baguettes enduites d'une glu luisante. Les petits friands y volent avec avidité; mais leur langue, leurs pattes et leurs ailes s'y empêtrent, et les chasseurs, qui les épient, les saisissent avant qu'ils aient pu se débarrasser.

L'OISEAU-MOUCHE.

On confond souvent le colibri avec l'oiseau-mouche, ce sont cependant deux espèces différentes. Le colibri est moins petit que l'oiseau-mouche, son bec est plus long, sa taille est aussi plus allongée. Mais pour la beauté du plumage, la vivacité, les grâces, ces deux petits oiseaux sont réellement frères. Les oiseaux-mouches et les colibris habitent les parties les plus chaudes de l'Amérique.

L'OISEAU DE PARADIS.

armi tous les oiseaux étrangers, je dois encore vous citer l'oiseau de paradis l'un des plus beaux qui existent. Vous en avez vu un bien conservé qui décore mon chapeau de paille d'Italie.

C'est dans la Nouvelle-Guinée que toutes les espèces de cet admirable oiseau sont réunies. Ils se nourrissent d'épiceries, de fruits du muscadier ou du giroflier.

Le vol de l'oiseau de paradis est très léger et comparable à celui de l'hirondelle, la grosseur réelle de ces oiseaux est à peu près celle du geai ; mais leurs plumes décomposées et prolongées, leurs filets et les diverses parties de leur penne augmentent beaucoup leur volume apparent.

On ne connaît pas bien les mœurs de ces charmants oiseaux, car on n'a pas encore transporté en Europe, aucun individu vivant de cette espèce.

L'AUTRUCHE

L'autruche tient, parmi les oiseaux, le même rang que l'éléphant parmi les quadrupèdes. Elle est la plus grande de toute la gent volatile. Sa hauteur égalerait celle de Henri debout sur un cheval. Son cou est très allongé, sa tête est fort menue, l'un et l'autre couverts de poils au lieu de plumes. Ses yeux sont presque aussi grands que les nôtres, relevés d'une paupière mobile, et garnis de cils. Son corps, dont la grosseur est loin de répondre à la grandeur de sa taille, est monté sur des cuisses sans plumes jusqu'aux genoux, et sur des jambes très hautes qui se terminent en pieds de corne semblables à ceux des chameaux, mais avec des griffes très fortes.

La nature lui ayant donné des ailes trop courtes et des plumes trop molles pour pouvoir s'élever dans les airs, elle sait en user comme d'une voile pour accélérer sa course, aidée d'un vent favorable. Ces ailes sont armées, chacune à leur extrémité, de deux ergots qui lui servent de défense. L'autruche est très vorace, et se nourrit de tout ce qu'elle rencontre; c'est de là que l'estomac d'autruche est passé en proverbe. Elle pond plusieurs fois l'année, et chaque fois douze à quinze œufs fort gros, qu'elle dépose dans le sable pour que le soleil les échauffe pendant la journée; le soir, à son tour, elle se charge de ce soin dans les pays où les nuits sont froides. La coque de ces œufs acquiert avec le temps une si grande dureté, qu'on la travaille comme l'ivoire pour en faire des coupes qui sont très solides. Ces oiseaux se réunissent dans les déserts en troupes nombreuses, qui de loin ressemblent à des escadrons de cavalerie. Leur chasse est un des plus grands plaisirs des seigneurs de la contrée. Ils les poursuivent, montés sur des chevaux barbes de la plus grande vitesse, avec lesquels, toutefois, ils ne pourraient les atteindre, s'ils n'avaient la précaution de les pousser contre le vent, et de lâcher à leurs trousses des levriers pour leur couper le chemin et les arrêter un peu.

La tête de ces oiseaux n'étant défendue que par un crâne très mince, c'est cette partie qu'ils cherchent à mettre en sûreté, laissant le reste de leur corps à découvert. Toute leur force est dans leur bec, dans les piquants du bout de leurs ailes, et surtout dans leurs pieds. On prétend même qu'en fuyant ils lancent des pierres avec une extrême froideur.

Les autruches sont d'un naturel très sauvage. Cependant, à force de soins, on vient à bout de les apprivoiser et de les monter comme un cheval. On a vu une jeune autruche porter deux nègres à la fois sur son dos, avec plus de rapidité que le plus léger coureur.

L'OUTARDE.

L'outarde est aussi l'un des plus grands oiseaux.

Les outardes sont des oiseaux lourds et farouches, volant peu, mais courant très vite à travers les plaines. On n'a pas encore pu les réduire en domesticité.

Il y a deux espèces d'outardes en France, la grande, dont nous donnons le portrait ci-joint, et la petite qui est plus rare.

L'autruche et l'outarde sont des *échassiers*. On les appelle ainsi parce qu'ils ont de longues jambes qui ressemblent à des échasses. Leurs jambes sont privées de plumes jusqu'au dessus du torse. Leur queue est très petite. Ces caractères spéciaux leur permettent de traverser à gué les eaux peu profondes, et d'y pêcher à l'aide de leur bec et de leur cou, dont la longueur est toujours proportionnée à celle des jambes. L'outarde comme l'autruche sont des échassiers. Les échassiers sont des oiseaux aquatiques qui se nourrissent de poissons, de reptiles et de vers.

LE CASOAR.

Le casoar est originaire des Indes. C'est après l'autruche, le plus grand des oiseaux. Ce qui le distingue plus particulièrement est une espèce de casque noir sur le devant, jaune dans tout le reste qui se lève sur le front. Depuis la base du nez jusqu'au milieu du sommet de la tête. Ce casque est formé par le renflement des os du crâne en cet endroit, et est recouvert d'une enveloppe dure, et analogue à celle de la substance de la corne de bœuf. Ses ailes sont plus petites encore que celles de l'autruche; aussi vole-t-il encore moins que l'autruche. Mais comme elle; il se sert de ses ailes pour accélérer sa course. Il s'en sert en outre comme d'une arme défensive, car elles sont armées de six à sept pointes très aiguës et très longues, car celle du milieu n'a pas moins d'un pied. Son plumage est entièrement noir.

L'AIGLE.

 Puisque je suis en train de vous parler des grands oiseaux, il n'est pas possible que j'oublie l'aigle, qu'on appelle le Roi des oiseaux et l'oiseau

des rois. Il mérite ce titre par sa force et son courage. L'aigle est de tous les habitants de l'air, celui qui vole le plus haut. Sa vue est excellente, il fixe intrépidement le soleil, mais son odorat est presque nul. Il se nourrit de la chair des autres oiseaux, quelquefois il saisit des agneaux et des chevreaux qu'il emporte dans son nid qu'on appelle *aire*. Il est vorace, et peut cependant rester longtemps sans nourriture. L'aigle veut régner seul dans son domaine, il en chasse, dit-on, tous les autres aigles, même ses enfans quand ils sont assez grands pour se procurer la nourriture.

LES NIDS D'OISEAUX.

ournez-vous de ce côté, regardez entre ces arbres, Charlotte. N'est-ce pas le petit Jules que je vois venir à notre rencontre ? Oh ! c'est bien lui : je le reconnais à ses gambades. Il me paraît à cette allure qu'il a des nouvelles agréables à nous annoncer. Il porte quelque chose. Qu'avez-vous donc là, mon enfant ? Un nid d'oiseaux ? Fi ! comment dérober à ces pauvres créatures ce qui leur a coûté tant de peines et de travail ! Les petits, dites-vous, s'en étaient déjà envolés. A la bonne heure. Henri, prenez doucement ce nid dans votre main, et regardez-le avec attention. Je vous dirai comment les oiseaux l'ont construit.

Deux d'entre eux sont convenus de vivre ensemble; car, s'ils ne peuvent pas s'exprimer comme nous, ils savent fort bien se faire entendre l'un à l'autre. Ils ont prévu que le printemps leur donnerait des petits, et leur premier soin a été de leur bâtir d'avance une jolie habitation. Après avoir cherché sur les arbres ou dans les buissons l'endroit le plus propre à s'établir, ils ont commencé l'édifice par le dehors, entrelaçant avec leurs becs des brins de bois et de paille, et remplissant tous les vides avec de la mousse et du crin ramassés dans la campagne. Ensuite ils ont tapissé l'intérieur de léger flocons de laine, de duvet, de plumes et de coton. La femelle a pondu ses œufs sur ce lit douillet, et pendant quelques jours les a tenus constamment réchauffés de la douce chaleur de ses ailes, tandis que le mâle l'animait par ses caresses dans des soins si tendres, ou que, perché sur une branche voisine, il la réjouissait de ses plus jolies chansons. Enfin les petits sont éclos : aussitôt leurs parents, pleins de joie, se sont empressés de leur aller chercher de la nourriture, et sont revenus en la broyant dans leur bec. Les petits, entendant le bruit de leurs ailes, ont soulevé la tête, se sont mis à crier tous à l'envi *chirp*, *chirp*, comme pour dire à moi, à moi. Aucun, grâces à Dieu, n'en a manqué. Afin de les garantir de la fraîcheur des nuits, la mère a continué de les couvrir de ses plumes, et dès l'aurore le père a volé leur chercher une nouvelle nourriture. Ainsi se sont comportés ces tendres parens, jusqu'à ce qu'ils aient vu les petits en état de se soutenir sur leurs ailes. Alors ils les ont instruits à voltiger de branche en branche, puis à se hasarder un peu dans les airs. Enfin ils leur ont fait prendre l'essor, pour leur indiquer les endroits où ils trouveraient leur subsistance. C'est alors que leurs sons ont cessé; leurs enfants n'en avaient plus besoin : ils sont déjà aussi habiles qu'eux-mêmes. Vous les verrez l'année prochaine construire aussi des nids à leur tour, et faire pour leur jeune famille ce que leurs parents viennent de faire pour eux.

LES ABEILLES.

orothée vient de nous apporter un rayon ou gâteau de miel nouveau. Vous allez en goûter, et vous le trouverez exquis. Vous rappelez-vous qu'il y a deux mois environ, nous avons vu un essaim d'abeilles sortant d'une ancienne ruche? Nicolas, qui les guettait depuis une demi-heure, ne les aperçut pas plus tôt en l'air que, se cachant le visage et les mains pour ne pas être piqué, il les fit s'abaisser sur un buisson en leur jetant de la poussière à pleines mains, et les mit ensuite dans une ruche qu'il avait préparée exprès. Eh bien! voici une portion du travail qu'elles ont fait dans leur nouvelle demeure, et des provisions qu'elles y ont amassées.

Elles sont en très grand nombre dans leur habitation, quelque

fois même jusqu'à trente mille et plus; cependant il règne parmi
elles le plus grand ordre : dans chaque ruche une principale
abeille, que nous nommons la reine, maintient l'ordre et la propreté, ne souffre pas que les abeilles restent oisives, les envoie
dans les champs, dans les jardins, dans les prairies et les bois,
chercher la cire et le miel dont elle règle l'usage. C'est elle qui
veille à la construction des édifices de la ruche, à l'éducation des
jeunes abeilles; et, quand cette jeunesse est en état de pourvoir à
sa subsistance, elle les oblige à sortir de la ruche, sous la conduite d'une jeune reine de leur âge : c'est ce qui forme l'essaim
dont je viens de vous parler. Dès le jour que Nicolas a recueilli les
jeunes abeilles dans la ruche, elles ont aussitôt, sans perdre un moment, travaillé à faire ces petites cellules que vous voyez, et qui
sont en cire. Cette cire, qui est jaune quand elle sort des ruches,
sert à donner au bois des meubles, au plancher, le luisant et la
propreté. Elle entre dans la composition des onguents que l'on met
sur les blessures; et, quand on l'a fait blanchir, on l'emploie à faire
la bougie qui nous éclaire, les cierges que vous voyez dans l'église, et
mille autres choses très utiles. Vous souvenez-vous, Henri, qu'hier
soir ayant mis votre nez au milieu d'un lis pour en sentir l'odeur,
vous l'avez retiré tout couvert d'une poussière jaune? Eh bien! c'est
avec ces petits grains de poussière que les abeilles font leurs cellules
de cire; elles le trouvent en très grande abondance sur les lis; il y
en a moins dans les autres fleurs simples, et point dans les doubles.
Pendant que la construction avance, d'autres abeilles vont sur les
fleurs recueillir le miel qui se trouve au milieu du calice des
fleurs simples, et sur les feuilles de certains arbres : elles l'apportent dans leur petit estomac, et le dégorgent dans les cellu-

6

les, qu'elles ferment avec de la cire quand elles les ont remplies.

Ces provisions leur servent pour se nourrir pendant les jours qu'elles ne sortent pas, à cause des pluies et des froids; et comme elles travaillent continuellement, elles en amassent plus qu'il ne leur en faut; c'est leur superflu que Nicolas leur a ôté, et dont on vient de nous apporter une partie.

A présent, ouvrons ces petites cellules : voyez comme le miel est pur! Vous le trouvez bon, mes enfants; j'en suis charmée. Charlotte, vous voulez voir ces abeilles près de leur ruche; eh bien, mes amis, je vous y mènerai; mais je vous préviens que leur piqûre fait beaucoup de mal. J'ai vu un petit garçon de l'âge de Henri, qui, après avoir fouetté sa toupie, s'approcha d'une ruche; et comme les abeilles étaient tranquilles, il y introduisit le manche de son fouet, en le remuant avec vivacité; les abeilles en fureur sortirent et se jetèrent sur lui, il fut bien piqué, et s'enfuit en jetant des cris; il souffrit beaucoup, et personne ne le plaignit, parce qu'il s'était attiré ce malheur. S'il se fût approché des abeilles avec tranquillité, et sans les effaroucher, il eût pû les regarder sans le moindre danger.

Venez, mes amis, nous allons les voir; vous les craignez, parce qu'elles font beaucoup de bruit; c'est ce qui a lieu les jours de beau temps, depuis midi jusqu'à trois heures, parce que les abeilles sortent en grand nombre pour se récréer et prendre l'air.

Les petites abeilles que vous voyez sont les ouvrières de la ruche, les travailleuses; ce sont elles qui construisent les édifices en cire, comme celui que vous a apporté la bonne Dorothée; ce sont elles qui vont chercher le miel, qui entretiennent la propreté dans la ruche, qui veillent à la porte pour en défendre l'entrée;

elles gardent aussi la reine qui ne sort point. Ces grosses mouches noires, qui font beaucoup de bruit en volant, sont les papas de la ruche. Vous me demandez, Charlotte, pourquoi ces papas font tant de bruit en volant? Vous trouvez que leur chant n'est pas agréable. Mes amis, ce bourdonnement ne sort pas de leur bouche; les abeilles, et toutes les mouches que nous voyons, ont sous les ailes de petits trous par où l'air entre dans leurs corps et en ressort; c'est l'agitation de leurs ailes sur ces petits trous qui cause le bourdonnement que nous entendons; c'est comme la toupie d'Allemagne de Henri. Cette toupie creuse est percée d'un petit trou; plus elle tourne vite, plus le bourdonnement est fort; aussi plus les mouches agitent leurs ailes, et plus elles sont grosses, plus le bourdonnement est considérable.

Il y a d'autres espèces d'abeilles qui ne vivent pas en commun comme celles-ci; on les nomme *abeilles solitaires;* telle que l'abeille *perce-bois*, qui fait des trous dans des morceaux de bois et s'y loge; l'abeille *maçonne*, qui fait son nid avec de la terre humectée; la *cardeuse*, la *coupeuse de feuilles*, la *tapissière*, et beaucoup d'autres espèces, les

œuvres du Créateur étant variées à l'infini. Vous me demandez, Charlotte, pourquoi on appelle une espèce *abeille tapissière?* C'est, mes amis, parce qu'elle tapisse sa petite demeure; et voici comment elle s'y prend. Elle fait un trou dans la terre, de la profondeur d'un des doigts de Henri; elle va ensuite chercher de la fleur de coquelicot, et commence par tapisser l'entrée avec un petit rebord, de manière que l'on voit un petit trou dans la terre, entièrement bordé de rouge; elle retourne chercher la même fleur, et tapisse tout l'intérieur en descendant; enfin, elle tapisse le fond : cette opération finie, elle dépose ses œufs dans le trou, avec une pâtée de miel pour la nourriture de ses petits quand ils écloront; elle détache les bords extérieurs de sa tapisserie, les pousse dedans, les recouvre de terre qu'elle bat pour l'affermir : c'est admirable.

LES PAPILLONS, LES CHENILLES ET LES VERS A SOIE.

Après quoi donc courez-vous si vite, Charlotte. Oh! c'est un papillon! Vous l'avez attrapé? Ne serrez pas vos doigts, de peur blesser la délicate et frêle créature. Vous croyez peut-être avoir pris un petit oiseau qui n'a fait que voltiger toute sa vie? non, non, il n'en est pas ainsi. Tel que vous le voyez, si leste et si brillant, il n'y a que peu de jours qu'il rampait à terre sous la forme d'une chenille hideuse. En voici une. Regardez-la de tous vos yeux. Découvrez-vous sur son corps rien qui ressemble à des ailes? Non sans doute. Eh bien, cependant elle viendra papillonner un jour autour de cette fleur sur laquelle vous la voyez se traîner si pesamment aujourd'hui.

On compte plusieurs espèces de chenilles; mais je ne vous parlerai que des vers à soie, parce que c'est l'espèce dont l'histoire est la plus curieuse et la plus intéressante pour nous.

Les vers à soie, avant leur naissance, sont renfermées en de petits œufs, que l'on conserve dans un lieu sec jusqu'au retour du printemps. Alors on les expose à une chaleur douce, et on en voit sortir de petits vers grisâtres, que l'on met soudain sur des feuilles détachées d'un arbre qu'on appelle mûrier; qu'ils aiment de préférence pour leur nourriture. Ils grossissent fort vite; car aussitôt qu'ils sont nés ils se mettent, d'un grand appétit, à manger de ces feuilles, et ils en mangent tout le long de la journée. Au bout de quelques jours leur peau se détache de leur corps, et ils paraissent beaucoup moins hideux avec leur robe nouvelle. Ils en changent trois fois encore, de sept jours en sept jours, et la dernière, ce sont de jolis vers très blancs, à peu près de la longueur et de la grosseur de l'un de vos doigts. Ils commencent bientôt à devenir jaunâtres et transparents; leur corps grossit et se ramasse, et ils cessent absolument de manger : c'est le temps où ils se disposent à se mettre à l'ouvrage. Ils grimpent le long de petits brins de genêt ou de bruyère qu'on plante autour d'eux en forme d'arcade, et attachant d'abord, de tous côtés, des soies qu'ils filent un peu grosses, pour y suspendre leur coque. Ils en forment l'extérieur avec une espèce de bourre qu'on nomme fleuret; puis au-dessous de cette enveloppe grossière ils commencent leur véritable coque, en appliquant des fils plus déliés à cette bourre, qu'ils foulent continuellement avec leur tête, pour donner à l'intérieur de leur édifice une forme ronde, et de la capacité d'un œuf de pigeon. Dès le premier jour ils se dérobent entièrement à l'œil, sous l'épaisseur de leur travail; mais la besogne n'est pas encore achevée. Il leur faut un ou deux jours de plus pour terminer en dedans leur ouvrage. Le dernier tissu qui les environne immédiatement est le plus difficile; car il est plus serré que l'étoffe la mieux fabriquée.

C'est de ces coques, appelées ordinairement cocons, que l'on tire d'abord le fleuret qui sert à faire la filoselle, et ensuite la soie employée dans nos ameublements et dans nos habits. Si nous venions à perdre ces insectes, il n'y aurait plus ni taffetas, ni satin, ni velours.

Pour retirer la soie, on jette dans l'eau bouillante tous les cocons, excepté ceux que l'on réserve pour avoir des œufs, comme je vous le dirai tout à l'heure. Les personnes accoutumées à ce travail en ont bientôt trouvé le premier bout. Elles sont obligées de joindre plusieurs brins ensemble, pour en faire un d'une grosseur raisonnable, et elles le dévident sur de petites bobines. Croiriez-vous que chacun de ces fils a près de mille pieds de longueur.

Je vous ai dit que l'on mettait à part les cocons destinés à donner des œufs. Si vous en ouvrez un avec des ciseaux, que pensez-vous que l'on trouve au dedans? un ver à soie? Oh! non, rien qui lui ressemble du tout. On n'y trouve plus qu'une chrysalide, c'est-à-dire, un petit corps sans tête ni pates qu'on puisse voir. Vous le prendriez pour une fève desséchée. Cependant, si vous touchez une de ses extrémités, vous le voyez se remuer un peu; ce qui annonce qu'il n'est pas mort. En effet, là-dessous est un papillon bien emmaillotté, qui déchire ses langes au bout de vingt jours, perce lui-même sa coque, et en sort avec deux yeux noirs, quatre ailes, de longues jambes, et un corps couvert d'une espèce de plumes. Le mâle et la femelle font aussitôt leur petit ménage; et lorsque celle-ci a pondu ses œufs, au nombre de quatre ou cinq cents, ils meurent l'un et l'autre, laissant pour l'année suivante une nombreuse famille, propre à leur succéder.

Vous voudriez élever des vers à soie, Charlotte? Je serai bien aise que vous puissiez étudier de vos propres yeux les merveilles opérées par la nature dans les métamorphoses et le travail de ces insectes. Je vous laisserai volontiers la satisfaction d'en élever quelques-uns, et je me charge de vous instruire alors de tous les soins qu'ils demandent. Leur éducation entraîne beaucoup d'embarras, dans les pays où l'inconstance des saisons exige qu'ils soient continuellement renfermés dans de grandes chambres. Il est des pays, au contraire, où ils naissent sur les mûriers, se nourrissent d'eux-mêmes, et filent parmi les feuilles. Ce doit être un joli coup d'œil de voir ces cocons briller, comme des prunes d'or et d'argent, au milieu de la douce verdure!

Les différentes espèces de papillons sont très-nombreuses : le nombre des espèces de chenilles est aussi grand, puisqu'il n'est pas un papillon qui n'ait été chenille, puis chrysalide, avant de prendre des ailes, comme je viens de vous le dire du papillon de ver à soie, qui n'est lui-même qu'une chenille.

Une chose bien digne de notre admiration, c'est l'instinct que la nature donne à toutes les chenilles de se former une retraite pour le temps où l'état immobile de chrysalide les exposerait sans défense à leurs ennemis. Les unes, à l'exemple des vers à soie, filent des coques impénétrables, où elles s'enveloppent; les autres se creusent sous terre de petites cellules bien maçonnées; celles-ci se suspendent par les pieds de derrière; celles-là se lient par une espèce de ceinture qui les embrasse et les soutient. C'est ainsi que, sous une apparence de mort extérieure, tout leur corps travaille, pour certaines pièces même, pendant plus d'une année, à prendre la nouvelle forme qui doit renouveler leur existence, en les faisant passer de la condition d'un ver obscur qui rampe sous nos pieds, à celle d'un oiseau brillant qui voltige au-dessus de nos têtes.

Les variétés qu'on remarque entre les papillons les ont fait partager en plusieurs classes : l'histoire de chacune offre des particularités fort curieuses. Ces insectes qui, sous leur première forme, ne nous inspiraient que du dégoût et de l'horreur, deviennent, sous leur forme nouvelle, les objets de notre admiration, et nous inspirent même en leur faveur une sorte d'intérêt. L'éclat des couleurs dont leurs ailes sont peintes; les sucs délicats dont ils se nourrissent; le bonheur dont ils semblent jouir dans le court espace de leur vie; les métamorphoses par lesquelles ils sont parvenus à cet état; tout en eux réveille des idées gracieuses, et excite la curiosité sur une destinée aussi singulière. J'espère que vous goûterez un jour autant de plaisir que moi-même à vous instruire de tous ces détails intéressants.

Malgré la quantité prodigieuse d'animaux que nos yeux peuvent découvrir, il en est sans doute un plus grand nombre encore de ceux que leur petitesse dérobe à notre vue. Toutes les feuilles des arbres, des plantes et des fleurs, sont peuplées d'une infinité d'insectes invisibles; il n'est peut-être pas un grain de sable qui ne soit un monde pour ses habitants. Qui sait si un ciron n'est pas un éléphant aux yeux d'une foule d'autres créatures d'une espèce inférieure? Voici un microscope, c'est-à-dire un instrument qui grossit les objets, comme le télescope les rapproche. Charlotte, allez-moi, je vous prie, chercher ce vinaigre que je tiens, depuis quelques jours, exposé au soleil. Je vais en mettre ici une goutte.

Approchez-vous, et voyez. Doucement, Henri; ce n'est pas tout d'être philosophe, il faut encore être poli : laissez regarder votre sœur la première. A votre tour maintenant. Eh bien, ne découvrez-vous pas une multitude de petits animaux qui s'agitent avec une extrême vivacité? Vous voyez, par cet exemple, qu'une recherche attentive peut nous faire pénétrer chaque jour de nouvelles merveilles. Quand notre vie serait cent fois plus longue, nous ne viendrions jamais à bout de découvrir tout ce qui est digne de notre curiosité.

Que dit votre frère, Charlotte? qu'il souhaiterait que ses yeux fussent des microscopes? Hélas! mon cher enfant, vous ne savez guère ce que vous désirez. Si vos vœux étaient accomplis, vous verriez, il est vrai, des choses très surprenantes; mais aussi ce que vous regardez maintenant avec plaisir deviendrait pour vous un objet de dégoût et d'horreur. Un homme vous paraîtrait si grand, que vous ne pourriez voir à la fois qu'une partie de sa taille : un bœuf vous semblerait plus haut qu'une colline ; vous prendriez un ruisseau pour une rivière, un chat pour un tigre, une souris pour un ours : vous seriez continuellement exposé à des méprises ridicules ou dangereuses. Croyez-moi, contentez-vous de ce que vos yeux peuvent vous faire aisément connaître ce qui vous est utile ou nuisible ; aidez-vous des instruments inventés pour suppléer à leur faiblesse dans les objets de pure

curiosité ; et pour découvrir dans le ciel ou dans de vastes horizons, des objets que l'œil nu ne verrait pas, surtout soyez convaincus que *l'homme est bien comme il est*, pour jouir de tout le bonheur qu'il peut goûter sur la terre.

LA TERRE.

Entrez, entrez, Henri. Approchez - vous, Charlotte. J'ai de grandes choses à vous expliquer aujourd'hui. Regardez ce globe. Savez-vous quel est son usage? Oh! non, j'imagine. Eh bien, le croiriez-vous? si petit qu'il soit, il représente toute la terre.

Lorsque vous étiez plus jeune encore, vous pensiez peut-être que le monde ne s'étendait pas au-delà de la ville que vous habitiez, et que vous aviez vu tous les hommes et toutes les femmes qui le peuplent. A présent vous êtes un peu mieux instruits, car je crois vous avoir dit qu'il y a des millions et des millions d'autres créatures semblables à nous. En vous promenant dans la ville, vous avez été surpris de la multitude d'habitants qui se pressent en foule le long des rues, comme des abeilles dans une ruche, aussi nombreux et aussi affairés. Ce n'est pourtant que la moindre partie de ceux qui couvrent la face de la terre.

La terre est un globe énorme : celui que nous avons sous les yeux n'en est qu'une espèce de miniature. Vous y voyez une infinité de lignes droites ou tortueuses, tracées sur toute sa rondeur, et peintes, les unes en rouge, les autres en jaune ou en vert, etc. C'est pour distinguer les divers États, comme les haies dans les champs, distinguent les possessions des divers particuliers. Il n'était pas plus possible de retracer entièrement toutes les parties de la terre sur ce globe, qu'il ne l'était au peintre de faire entrer toute la grandeur du visage de votre maman sur le tableau que je porte à mon bracelet. Vous voyez cependant que le portrait lui ressemble; et on aurait pu le faire encore plus petit.

On pourrait de même, en réduisant ces lignes, les retracer sur une orange; en les réduisant un peu plus, sur un abricot; et toujours ainsi en diminuant, sur une prune, une cerise, un grain de raisin. Allons plus loin encore. Voici un pois. Vous voyez combien il est plus petit que le globe? Cependant nous pourrions, avec autant d'adresse que ce graveur qui grava plusieurs mots sur un grain de millet, figurer en raccourci, sur le pois, ces grandes places jaunes, vertes et rouges, qu'on appelle France, Angleterre, Allemagne, etc., aussi bien pour montrer quels sont les contours de ces pays, et leur situation, l'une par rapport à l'autre.

La surface de la terre n'est pas unie comme celle de ce globe; elle est hérissée de hauteurs, de collines et de montagnes. Mais quoiqu'elles nous paraissent très élevées, et qu'elles le soient effectivement pour d'aussi petites créatures que nous, elles n'altèrent pas plus la rondeur de la terre, que des grains de sable posés sur ce globe, n'en pourraient altérer la rondeur.

C'est pourquoi nous disons toujours qu'elle est ronde, malgré ces inégalités.

LA MER.

Tout ce que nous appelons le monde n'est pas composé d'une matière solide comme le sol que nous foulons à nos pieds. Entre les différentes parties de la terre il y a des places creuses et remplies d'eau. Les plus grandes que vous voyez répandues çà et là sur le globe sont appelées océans ou mers. Il y en a de moins étendues qu'on appelle lacs ou étangs. Elles ont cela de commun, qu'elles sont toujours renfermées entre les mêmes bords. Il y en a d'autres, au contraire, tels que les ruisseaux, les rivières et les fleuves, qui changent sans cesse de rivage; c'est-à-dire qu'ils ont un écoulement qui leur fait successivement parcourir différents pays. Ce ne sont d'abord que des sources, des fontaines ou des filets d'eau qui jaillissent de la terre. Sitôt qu'ils commencent à prendre un certain cours, on les appelle ruisseaux. Ces ruisseaux, dans leur route, se réunissent avec d'autres ruisseaux, et forment alors ce qu'on appelle une rivière. Les rivières, en continuant de courir, reçoivent dans leur sein d'autres rivières, et vont se décharger dans les fleuves, qui vont à leur tour se décharger dans la mer.

Vous voyez que la plus grande partie du globe est occupée par les eaux. Supposons que Henri aille déterrer une fourmilière et la porte sur ce globe : elle pourrait servir à représenter les peuplades qui habitent la terre. Comme il n'y a de l'eau qu'en peinture sur le carton, les fourmis seraient libres d'aller par le chemin qu'elles voudraient. Mais si ces  endroits étaient creusés à une grande profondeur, et qu'ils formassent des rivières et des mers véritables, comment pourraient-elles aller à travers ces grands espaces d'eau ? Il en est de même à notre égard : nous n'aurions jamais pu atteindre les lieux dont la mer nous sépare, si l'imagination et l'industrie n'étaient venues à notre secours. Je me plais à imaginer que c'est à des enfants peut-être que nous devons la première idée de la navigation.

Le premier qui, en jouant sur le rivage, vit une écorce d'arbre flotter sur un ruisseau, prit un long bâton pour l'arrêter au passage. En cherchant à l'attraper, il vit que l'écorce ne s'enfonçait dans l'eau que par une certaine pression. Lorsqu'il s'en fut saisi, il y mit des cailloux, de l'herbe, tant que l'écorce put en porter sans couler à fond. Il la suivit un moment des yeux, et courut plein de joie chercher son papa, pour le rendre témoin de cette nouveauté. Celui-ci, en se promenant le lendemain, trouva un arbre énorme, dont le tronc était creusé par les ans. Il le dépouilla de ses branchages et de ses racines, et le jeta dans l'eau, où il le vit se soutenir à merveille. Peu à peu il eut le courage d'y entrer.

Après quelques essais le long d'un rivage, il imagina, avec l'aide de deux perches pour se diriger, de traverser le russeau. Cette écorce ne résista pas longtemps aux secousses qu'elle essuyait en abordant sur la plage; elle se fendit, et le pauvre navigateur courut risque de se noyer. Il comprit alors qu'il lui fallait un bateau plus solide, et il se mit à creuser le tronc d'un arbre dépouillé de son écorce, pour naviguer avec plus de sûreté. Dans le temps même, sans doute, à la vue de quelques branchages flottants sur les ondes, on eut l'idée de lier plusieurs pièces de bois ensemble pour en former ce qu'on appelle un radeau, comme ces trains de bois qu'on amène sur la rivière à Paris. En les comparant l'un avec l'autre, on vit que le tronc d'arbre était trop petit pour un homme et son équipage, et que la moindre vague, en s'élevant sur le radeau, mouillait toute la cargaison. On chercha le moyen de réunir les avantages de l'un et de l'autre, en évitant les inconvénients auxquels chacun était sujet; et comme les arts et les instruments s'étaient perfectionnés dans cet intervalle, on imagina de dégrossir les pièces de bois qui formaient le radeau, de les courber, et de les réunir ensemble par des chevilles, sous la forme d'un tronc d'arbre creusé. C'est ainsi que fut construit le premier canot, qui fut d'abord bien petit, sans doute. On l'agrandit peu à peu, selon la largeur des rivières qu'on avait à traverser. Mais de ces frêles bâtiments, à peine capables de contenir quatre ou cinq hommes, qu'il y avait loin encore à un vaisseau de guerre, qui porte douze à quinze cents hommes, avec leurs provisions pour six mois, des munitions immenses, et tout l'attirail

des corda-
ges et des
voilures!
Comme
vous n'avez
pas vu de
vaisseau de
guerre, je
ne puis vous
donner une
idée de cette
différence

qu'en vous priant de comparer la guérite de la sentinelle qui est
à la porte des Tuileries avec ce superbe château.

Imaginez-vous, mes amis, quelle fut la surprise de l'homme qui,
descendant un fleuve dans son petit esquif, parvint à son embou-
chure, c'est-à-dire à l'endroit où le fleuve se jette dans la mer!

Transportez-vous un instant vous-mêmes sur ses bords, dans
votre pensée : voyez ses vagues immenses, roulant l'une sur l'autre à grand bruit, s'avancer avec majesté sur le rivage, et le couvrir de flots blanchissants d'écume! Vous avez vu cet étang qui
est dans le voisinage : il a assez de profondeur pour qu'un homme
qui marcherait sur le fond eût de l'eau par dessus sa tête. Mais
cet étang, en comparaison de la mer, est moins encore qu'une
goutte d'eau en comparaison de l'étang. Regardez sur le globe
quel espace elle y occupe. Mesurez en même temps des yeux les
plus vastes contrées; vous verrez que la mer est beaucoup plus

étendue. En quelques endroits, elle est si profonde, que la plus longue ficelle, avec un plomb au bout, n'en peut atteindre le fond. Ainsi tâchez de vous représenter quelles idées d'admiration et d'effroi durent saisir cet homme au premier coup d'œil. Il imagina sans doute que cette masse d'eau formait les dernières barrières de la terre. Comme le vent soufflait peut-être en ce moment avec

violence, il conçut sans peine que sa petite chaloupe serait bientôt abîmée sous les flots. Il résolut, avec ses compagnons, d'en construire une plus grande, pour suivre du moins la mer le long de ses rivages. La navigation fut longtemps bornée à ces courses timides; mais de jour en jour les vaisseaux acquéraient plus de perfection. Enfin un homme de génie, plus hardi que les autres, se persuada qu'au delà de ces mers, il y avait d'autres terres, et il forma le dessein de les visiter. Il partit, et eut la satisfaction de se convaincre par lui-même de la réalité de ses espérances. D'autres après lui entreprirent d'aller plus loin encore. Croiriez-vous que dans leur course, ils passèrent par un point du monde qui se trouve exactement sous nos pieds, à la distance de toute l'épaisseur du globe de la terre? Vous me regardez d'un air ébahi. Rien de plus vrai pourtant, et j'espère, avant la fin de nos entretiens, vous rendre la chose sensible.

7

Contentez-vous maintenant de croire, sur ma parole, que l'on peut faire sur un vaisseau le tour entier du monde. Je vais vous donner une idée de ce qui est nécessaire pour une expédition de long cours.

Avant de venir à la campagne, je vous ai montré en petit, chez un machiniste, le modèle d'un vaisseau avec ses mâts, ses voiles et ses cordages, dont on vous a fait le détail. Vous en avez suivi la description avec trop de curiosité pour que je puisse croire que vous en ayez déjà perdu le souvenir. D'ailleurs, vous avez fait une fois le voyage d'Auteuil par la galiote de Saint-Cloud; ce qui est à votre âge un fort joli commencement de navigation.

Si le vaisseau n'est pas nouvellement construit, avant de s'embarquer, on commence à le réparer à neuf, c'est-à-dire à faire entrer de force, entre les jointures des planches qui le doublent, de grosse filasse qu'on nomme étoupe, et à le bien enduire de poix et de goudron pour le rendre impénétrable à l'eau, qui pourrait le faire couler à fond si elle y entrait par ces fentes. Il faut que les mâts soient bien solides, et les voiles en bon état, pour résister à la force des vents. Alors on porte dans le vaisseau une grande quantité de biscuit bien sec, au lieu de pain, qui se moisirait bientôt; plusieurs tonneaux d'eau douce, parce que l'eau de la mer est trop amère pour qu'on puisse la boire; enfin des barils de viande salée, attendu que la viande fraîche ne tarderait guère à se corrompre, et qu'on ne trouve point de boucheries sur la route. On emporte aussi des légumes secs pour faire la soupe des matelots dans toute la traversée.

Un vaisseau marchand, outre ces provisions de bouche, prend encore une cargaison, c'est-à-dire des denrées et des marchandises qu'on se propose de vendre dans les pays étrangers, ou d'y échanger contre les productions de l'endroit. C'est ainsi que nous envoyons en Amérique du vin, de la farine, des toiles, des étoffes, etc., et que nous en rapportons du sucre, du café, du coton,

que vous connaissez à merveille, et de l'indigo, qui sert à faire les teintures en bleu.

Les vaisseaux doivent aussi emmener un certain nombre d'hommes, les uns plus, les autres moins, à proportion de leur grandeur. Ces hommes s'appellent matelots, et il y a de petits garçons qui sont des apprentis matelots, et qu'on appelle mousses, et ils ont beaucoup d'ouvrage à faire sur le bord, surtout dans les temps

AMÉDÉE ROUSSEAU, SC

Un Mousse.

orageux. Représentez-vous en effet un pauvre navire ballotté par la mer en furie, dont les vagues s'élèvent de la hauteur d'une maison, et semblent le lancer dans les airs, pour le précipiter ensuite dans les abîmes; représentez-vous ses voiles déchirées,

ses mâts brisés, ses cordages rompus : c'est alors que les matelots ont une terrible besogne! Les uns sont occupés à faire jouer
la pompe pour vider l'eau qui est entrée dans le vaisseau; les autres grimpent sur des échelles de corde jusqu'au bout des mâts,
pour baisser les voiles, de peur que la violence de la tempête
ne fasse renverser le navire, ou ne le pousse contre les rochers
qui le briseraient comme un verre. Vous mourriez, Henri, j'en
suis sûre, de frayeur, dans cette occasion. Mais les marins,
avec du courage et de la présence d'esprit, se jouent en quelque
sorte de ces bourrasques. Ils veillent surtout à conserver leur gouvernail, cette grosse pièce de bois qui descend dans l'eau le long
du derrière du navire comme une espèce de queue, et qui, tour-
née à droite ou à gauche, lui fait changer de direction, comme
vous voyez ces poissons rouges, renfermées dans un bocal sur
ma cheminée, se servir de leur queue pour tourner à leur volonté
d'un côté ou de l'autre.

Vous auriez de la peine à croire que les matelots craignent
presque autant que la tempête l'état opposé de la mer, c'est-à-dire
un calme profond. Dans cette situation, les ondes, que je vous ai
peintes tout à l'heure si enflées et si turbulentes, sont tranquilles
et unies comme une glace; les voiles tombent aplaties le long des
mâts; la mer semble dormir, et le vaisseau immobile est comme
un tombeau qui renfermerait des êtres vivants. On dirait que ces
matelots, si actifs et si vigoureux, sont frappés d'un engourdissement léthargique. Vous auriez pitié de les voir, les bras croisés
sur le pont, se livrer au dégoût et à l'ennui. Mais aussi, quelle
joie lorsque le vent recommence à s'élever, que les voiles se ren-
flent, que la mer s'agite, et que d'un cours heureux ils s'avancent

vers le port, objet de leur désir! Déjà le capitaine, sa lunette en main, cherche le rivage. Les mousses, perchés au plus haut du vaisseau, le sollicitent avidement des yeux. Enfin un cri s'élève : Terre! terre! toutes les fatigues, tous les dangers sont oubliés. On court, on s'embrasse, on presse la manœuvre, on entre dans le port, et l'on en prend possession en y jetant, au bout d'un long câble, une grosse pièce de fer nommée ancre, dont les deux bras, recourbés en crochet, s'attachent au fond de la mer, et qui, par ce moyen, retient le vaisseau dans l'endroit où on veut l'établir. On se précipite alors dans une chaloupe, que la plupart baisent de joie, comme après une longue absence, vous embrasse-seriez votre maman.

Mais je viens de vous peindre le vaisseau déjà parvenu au terme de son voyage, tandis que nous l'avions laissé dans les pré-paratifs de son départ. Il est temps de l'aller rejoindre, de peur qu'il ne s'esquive à notre insu. Aussitôt qu'il a reçu toutes ses provisions et toutes ses marchandises, et qu'il est prêt à mettre à la voile, le capitaine et les matelots n'ont plus qu'à attendre un bon vent pour partir. Je pense qu'il faut d'abord vous apprendre ce que c'est qu'un bon vent. Allons un peu dans le jardin. Il est midi. Plaçons-nous en face du soleil. De cette manière, votre vi-sage est tourné vers le midi, et vous tournez le dos au nord; à votre main droite est l'ouest, et l'est à votre gauche. Or, vous sentez que, lorsque le vent souffle derrière vous, il tend à vous pousser en avant; lorsqu'il vous donne au visage, il tend à vous pousser en arrière. Vous en avez fait mille fois l'observation par votre cerf-volant. Mais il ne souffle pas toujours du même en-droit. De quel côté souffle-t-il à présent, Henri? Tirez votre mouchoir, prenez-en deux bouts dans vos mains, écartez vos bras. Voyez-vous? le vent le fait renfler et le pousse contre votre corps et contre vos jambes. Vous êtes tourné vers le midi; le vent vient donc du midi. Rentrons maintenant, et retournons à notre globe. Voici les quatre points que je vous ai fait remarquer : Midi, Nord, Est, Ouest. Lorsque le vaisseau veut aller dans un pays qui est au nord, il faut qu'il ait un vent de midi, qu'on appelle ordinairement de sud, pour le pousser de ce côté; car, si le vent lui venait du nord, il lui serait impossible d'aller vers cet endroit; en sorte qu'un voyage devient quelquefois plus long qu'il n'aurait dû l'être, par l'inconstance des vents, qui changent d'un point à l'autre, et qui obligent par conséquent le vaisseau de changer de direction. Ne croyez pas toutefois qu'on soit obligé de retourner sur ses pas pour chaque variation du vent : l'art de la navigation apprend aux marins une méthode de gouverner le vaisseau, qu'on appelle louvoyer, et qui consiste à courir en zigzag, tantôt à droite, tantôt à gauche, en s'approchant par degrés du point où l'on tend; au lieu qu'un vent favorable y porterait tout droit sans avoir besoin de cette pénible manœuvre.

C'est une chose bien surprenante, mais qui n'en est pas moins vraie, que, dans quelques parties de la mer, le vent souffle constamment chaque année des mois entiers du même côté; ce qui facilite extrêmement aux vaisseaux le moyen d'atteindre leur destination : puis, après quelques jours, et souvent même un mois de calme, le vent change, et souffle précisément du point opposé; ce qui ramène les vaisseaux à pleines voiles aux lieux d'où ils sont partis.

Vous comprenez bien que les marins s'arrangent en conséquence, et qu'ils savent profiter tour à tour de ces directions contraires. On appelle ces vents moussons, ou vents de commerce. Les flèches peintes sur le globe marquent les endroits particuliers vers lesquels ils soufflent.

Lorsque le vaisseau est en pleine mer, on est fréquemment des mois entiers sans voir autre chose autour de soi que le ciel et l'eau. Transportez-vous, par exemple, au milieu de la grande mer du sud. La terre, de tous côtés, en est très éloignée, et il n'y a point de traces marquées sur la surface des eaux pour montrer le chemin le plus court vers l'endroit où l'on veut aller. Mais ceux qui ont fait ces voyages ont tenu le compte le plus exact qu'il leur a été possible des rochers qu'ils ont évités, des petites îles qu'ils ont rencontrées, et d'autres particularités qui servent à ceux qui viennent après eux de règle pour se diriger. On a rassemblé toutes les observations faites sur les différentes parties de la mer, et d'après elles on a formé des tableaux appelés cartes marines, dont tous les vaisseaux ont soin de se pourvoir. En consultant ces cartes, ils trouvent le moyen d'éviter les rochers, les bancs de sable, les gouffres, et tous les autres dangers que l'on doit craindre dans cette partie

Malgré ces secours, on serait encore bien embarrassé si l'on n'avait la précaution d'emporter une boussole. Vous désirez sans doute savoir ce que c'est? je ne demande pas mieux que de vous le dire. C'est un instrument qui a l'air d'un cadran de pendule, excepté qu'au lieu des heures, on a mis les points Est, Ouest, Nord, Sud, et tous ceux qui se trouvent entre ces quatre principaux. Dans le milieu s'élève un petit pivot, sur lequel est légèrement suspendue une aiguille, qui, étant dans un parfait équilibre, a la liberté de se mouvoir tout autour du cadran. On frotte l'aiguille avec une pierre d'aimant, ce qui lui donne la singulière propriété de tourner toujours sa pointe vers le nord. De cette manière, quand on regarde la boussole, on peut toujours voir de quel côté le nord se trouve, et diriger son vaisseau en conséquence, soit qu'on veuille aller vers ce point ou s'en éloigner.

Puisque je vous ai parlé de l'aimant, il faut bien que je cherche à vous le faire connaître. C'est une espèce de pierre qui ressemble beaucoup au fer, et qu'on trouve ordinairement dans les mines avec ce métal. Il attire à lui le fer et l'acier, et se les attache étroitement. Si vous le frottez contre de l'acier ou du fer, il leur communique sa vertu, quoique dans un moindre degré de force.

Vous verrez un jour des expériences très curieuses à ce sujet. En attendant, en voici une petite pierre. Seriez-vous curieux de voir l'effet qu'elle produit sur mes aiguilles? Fort bien. Je vais renverser mon étui sur la table. Les voilà immobiles. Approchez-

en l'aimant. Hé! hé! voyez-vous comme elles s'agitent? on dirait qu'elles sont vivantes. N'allez pas le croire, au moins : elles n'ont

ce mouvement que parce que l'aimant les attire. Elles seraient parfaitement tranquilles hors de son approche.

Je vous ai dit que l'aimant communiquait au fer et à l'acier la vertu qu'il a de les attirer : donnez-moi votre couteau, Henri : je vais en faire l'expérience devant vous. Observez comme je frotte d'un bout à l'autre, et toujours dans le même sens. Approchez-le maintenant des aiguilles. Eh bien! ne font-elles pas à peu près le même exercice que si elles étaient approchées d'une véritable pierre d'aimant? Vous seriez curieux de savoir comment cela s'opère, n'est-ce pas? De plus habiles que moi se trouveraient embarrassés à vous l'expliquer. Votre ami vous fera connaître un jour les opinions les plus raisonnables des philosophes sur cet objet. Contentons-nous à présent de nous féliciter de cette heureuse découverte, qui a tiré mille et mille fois les marins d'un grand embarras. Représentez-vous en effet un vaisseau, au milieu d'une nuit obscure ou de sombres brouillards, ne pouvant consulter le soleil ni les étoiles, qui lui serviraient à régler sa marche. Que ferait-il sans sa boussole? il serait obligé de s'abandonner au hasard, et prendrait souvent une route contraire à celle qu'il veut tenir. Mais sa boussole est toujours prête à le remettre sur la voie. C'est un guide qu'on peut interroger en tout temps, et qui ne trompe jamais.

Il me semble voir sur votre mine, Charlotte, que vous n'y prendriez pas encore trop de confiance. On aurait, je crois, de la peine à vous persuader de faire un petit tour en Amérique? Pas tant, dites-vous, s'il n'y avait pas d'eau dans l'intervalle qui nous en sépare. Avez-vous bien réfléchi à ce qui vient de vous échapper? Voyez-vous cette île qu'on appelle la Martinique? Elle est éloignée des ports de France, de plus de quinze cents lieues. Cependant il y a des exemples de vaisseaux qui n'ont employé que vingt jours à faire cette traversée; ce qui suppose à peu près une vitesse de trois lieues par heure. Si l'on avait ce trajet à faire sur la terre ferme, emportant avec soi, sur des chariots, toutes les marchandises dont un navire est chargé, croyez-vous que six mois pussent suffire à ce voyage, et qu'il ne fallût pas au moins cent fois plus de dépense? Je suppose encore que nous aurions de beaux chemins bien alignés. Mais si, au lieu de ces belles routes, nous avions toutes les profondeurs de la mer à descendre et à remonter, des gouffres presque sans fond à franchir, cette expédition vous semblerait-elle alors aussi agréable? Voilà pourtant ce qui arriverait, si la mer, en se retirant, laissait son lit à sec; et je crois maintenant que, si vous aviez de toute nécessité le voyage à faire, et l'une des deux manières à choisir, la mer, malgré tous ses dangers, vous paraîtrait encore mériter la préférence.

Qu'en dites-vous pour votre compte, Henri? Oh! vous voudriez des ailes. Cela ne vous paraît pas mal imaginé. Je vous avouerai que moi-même, en voyant les oiseaux voltiger sur ma tête, et parcourir les espaces de l'air avec tant de vitesse, j'ai souvent désiré d'être pourvue d'une bonne paire d'ailes comme eux. Eh bien! j'étais alors aussi fou que vous l'êtes à présent, mon petit ami; car, si nous considérons de quelle étendue elles devraient être pour soutenir des corps aussi lourds que les nôtres, je suis persuadée qu'elle nous causeraient plus d'embarras qu'elles ne sauraient nous procurer d'avantages, et que nous sommes bien plus heureux d'en être privés. De plus, si nous avions à traverser un si grand espace, n'aurions-nous pas besoin de nous reposer par intervalles? et ne courrions-nous pas le risque de nous briser en mille pièces, en descendant, les ailes déployées, dans les abîmes que je viens de vous peindre?

Je reviens à vous, Charlotte, pour le projet que vous aviez tout à l'heure, de dessécher d'un souffle le lit de la mer. Savez-vous ce que cette belle imagination nous aurait coûté? Le dépérissement de la nature entière. Vous frémissez du risque auquel vous nous avez exposés. Rassurez-vous; le Créateur, qui a su disposer toutes choses avec tant de sagesse pour notre bonheur, n'écoute point nos vœux téméraires. Cette mer, qui semble à chaque instant menacer la terre de l'engloutir, est la source de sa fertilité. C'est-elle qui lui fournit ces douces ondées qui la fécondent et qui rafraîchissent ses habitans. Vous avez eu souvent occasion de voir de l'eau exposée sur le feu produire des vapeurs qui s'attachent en gouttes au couvercle du vase qui la contient : c'est ainsi que la chaleur produite par la présence du soleil fait exhaler de la mer des vapeurs qui s'élèvent dans les airs, d'où elles retombent ensuite en pluie, en neige ou en rosée, soit pour féconder la terre par une humidité bienfaisante, soit pour entretenir les ruisseaux, les rivières et les fleuves qui la baignent, et facilitent les communications entre les différents peuples de l'univers. Je ne puis à présent vous donner qu'une idée légère de cette admirable opération de la nature. Mon dessein n'est pas de faire de vous des savants, mais d'exciter un peu votre curiosité sans fatiguer votre attention ni votre intelligence. Vous trouverez un jour des détails plus étendus dans l'ouvrage de votre ami.

En nous entretenant de la terre, dans la première partie de ce livre, je vous ai parlé des animaux qu'elle nourrit, et de ses productions naturelles. Vous semblez désirer que je vous fasse également connaître ce qui nous vient de la mer. Je me fais un plaisir de vous donner cette satisfaction.

LES POISSONS.

Les habitants des eaux sont les poissons, dont les différentes espèces sont tout au moins aussi nombreuses que celles des animaux terrestres. Il en est d'une grandeur si étonnante, que je ne saurais à quoi les comparer : il en est au contraire d'une petitesse qui les dérobe à la vue; quelques-uns très jolis à voir, quelques autres d'un aspect hideux.

Vous avez vu souvent servir sur nos tables des turbots, des saules, des merlans, des brochets, des maquereaux, des esturgeons, et une infinité d'autres, dont vous avez trouvé la chair d'un goût délicieux; tous ceux-là se prennent sur nos côtes. Les pêcheurs, montés sur leurs barques, n'ont qu'à s'avancer un peu dans la mer, et laisser tomber leurs filets pour les attraper en grande abondance. Ils les amènent aussitôt dans le port, et de là ils sont dispersés dans tous les lieux où ils peuvent arriver avant de se corrompre.

Il en est en revanche qu'il faut aller chercher un peu plus loin, tels que la baleine, la morue et le hareng. Je vais vous en parler avec quelque détail, parce que cette pêche est plus considérable, et qu'elle offre des particularités dignes de votre attention.

LA BALEINE.

On peut donner à la baleine le titre de reine de l'Océan. Sa grandeur est énorme; quelques-unes ont deux cents pieds de long.

Vous avez trois pieds, Henri; ainsi une baleine est soixante fois plus longue que vous, et vingt fois plus grosse. Un homme pourrait se tenir à l'aise dans ses entrailles. Elle a une grande queue, capable par sa force de renverser d'un seul coup un vaisseau; ce qui rend rend sa pêche très dangereuse. Voici Henri, comment elle se fait :

Cinq à six hommes montent sur une chaloupe; l'un d'eux se tient sur le bord. Aussitôt que la baleine s'élève du fond de la mer pour respirer, il lui lance sur le dos un crochet long d'environ

six pieds, et qui tient à une longue corde. La baleine, se sentant blessée, plonge aussitôt pour se dérober à d'autres coups. On file la corde de toute sa longueur, et l'on suit l'animal à la trace de son sang. Le besoin de respirer la fait bientôt remonter, et on lui lance de nouveaux harpons, jusqu'à ce qu'elle meure de ses blessures. Alors elle surnage, et le vaisseau qui suit la chaloupe vient la prendre. Lorsqu'elle est trop grande, on la traîne sur le rivage, pour la couper en morceaux; mais si elle n'a que cinquante ou soixante pieds de long, on en fait une espèce de ceinture au vaisseau; et les matelots, avec des bottes dont la semelle est armée de crampons, de peur de glisser, descendent sur son corps et le dépouillent de sa graisse, dont on remplit des tonneaux. C'est cette graisse qui, étant bouillie, rend l'huile dont on se sert ordinairement pour brûler dans les lampes, pour préparer la laine, les cuirs, et pour une infinité d'autres usages. Les buses du corset de votre sœur, et les baleines de mon parasol, ne sont que des poils de sa barbe; ils lui servent à ramasser les plantes marines, les vers et les insectes dont elle se nourrit. Elle mange aussi de petits poissons, tels que les anchois, les merlus, et surtout les harengs, dont elle est très friande. Ses petits, lorsqu'ils finissent de têter, sont de la grosseur d'un taureau.

Outre le danger d'être renversés par la queue de la baleine, ou par l'eau qu'elle lance en colonnes par deux trous ouverts sur sa tête, les pêcheurs courent un autre risque non moins affreux. Comme cette pêche se fait ordinairement dans une mer que la rigueur du climat couvre de glaces, les vaisseaux sont quelquefois brisés par les glaçons, ou s'en trouvent tout à coup enveloppés; de manière que l'équipage est réduit à périr de froid.

LA MORUE.

La chair de la baleine n'est pas bonne à manger; celle de la morue, au contraire, est d'un goût délicieux. Elle fait presque la seule nourriture d'une très grande partie des peuples du Nord, qui ne recueillent chez eux que peu de fruits et de blé. Ils en font sécher une partie, qu'ils mangent au lieu de pain; et ils vendent le reste à des marchands qui vont les acheter à vil prix, pour les répandre en différentes contrées.

Mais cette pêche n'est rien, en comparaison de celle qui se fait bien loin d'ici, au banc de Terre-Neuve, qu'on appelle le grand banc des morues. Il s'y rend des vaisseaux de tous les coins du monde. Vous pourrez vous former une légère idée de la grande quantité de poissons que l'on y prend, quand vous saurez que la pêche dure trois mois entiers, depuis le mois de janvier jusqu'à la fin d'avril ; que cinquante mille hommes au moins y sont employés, et que chacun prend trois ou quatre cents morues par jour. Ces animaux sont si voraces, qu'il suffit, pour les amorcer, d'un morceau d'étoffe rouge, ou d'un hareng de fer blanc, d'où pend l'hameçon.

En jetant dans la mer les entrailles de ceux que l'on a déjà pris, on attire les autres qui viennent pour les dévorer en si grande foule, qu'ils se pressent les uns sur les autres, au point que leurs nageoires sont au-dessus de l'eau.

La morue verte et la morue sèche, appelée ordinairement merluche, ne sont que le même poisson diversement préparé. Il suffit de saler la première aussitôt qu'on vient de la vider, parce qu'on la mange dans l'année ; l'autre doit rester exposée pendant quelques jours au vent du nord, qui est si froid et si pénétrant, qu'il la dessèche, et la met ainsi en état d'être conservée pendant plusieurs années de suite sans se gâter. On en fait des tas plus hauts que des maisons, et l'on en remplit ensuite la cale des vaisseaux qui nous les apportent.

LES HARENGS.

Une pêche plus considérable encore est celle des harengs. La multiplication de ces poissons est prodigieuse. Aussitôt qu'ils ont déposé leurs œufs sous les glaces du nord, où leurs ennemis ne peuvent pénétrer, ils partent pour aller chercher leur nourriture en d'autres mers. Ils nagent en grandes colonnes, qui s'élargissent ou se rétrécissent au signal qu'ils reçoivent de leurs conducteurs. Ils forment quelquefois une ligne de plus de cent lieues de front; puis ils se séparent par grosses troupes pour se répandre en divers quartiers; et enfin, après avoir parcouru une grande partie du globe, ils se réunissent, et reviennent par deux colonnes opposées aux lieux d'où ils sont partis.

On est averti de leur passage par les oiseaux de mer qui volent au-dessus de leurs têtes pour les saisir quand ils approchent de la surface de l'eau, et par les baleines et d'autres gros poissons, qui les suivent toujours comme une proie assurée. La pêche commence le lendemain de la Saint-Jean. Elle ne se fait que la nuit, soit parce qu'il est plus facile de distinguer les harengs à la lueur que jettent leurs yeux et leurs écailles, soit parce qu'on peut les attirer par l'éclat des lanternes qu'on allume le long des filets. Ces feux, qu'ils prennent pour la lumière du jour, les éblouissent et les empêchent de voir le piége qu'on leur tend. Il est impossible de se figurer le nombre que l'on en prend dans vingt jours à peu près que dure cette pêche. Les filets, qui ont plus de douze cents pieds de longueur, rompent sous le poids. Il est tel port de la Hollande d'où il part plus de trois cents barques pour cette expédition; et l'on y compte environ cent mille hommes dont elle occupe les bras. Les harengs frais se préparent, comme la morue, par la salaison. Les harengs saurs, après avoir été exposés pendant six semaines à la fumée, deviennent secs comme vous les voyez. On les met ensuite dans des barils, bien serrés les uns contre les autres, et on les envoie dans presque toutes les parties du monde, pour servir à la nourriture des pauvres.

Quand je vous ai dit que les différentes espèces d'animaux qui vivent dans la mer étaient tout au moins aussi nombreuses que celles des animaux terrestres, vous n'avez pas attendu que je vous fisse une description particulière de chacun. Je n'ai voulu vous faire connaître que ceux dont vous pouvez entendre parler tous les jours, ou que vous avez occasion de voir le plus souvent. Je me flatte que, lorsque votre intelligence sera un peu plus formée, vous vous empresserez de vous-même de vous instruire davantage, et je puis vous promettre d'avance que vous y trouverez infiniment de plaisir. Savez-vous pourquoi il y a tant de personnes ignorantes dans le monde? C'est que l'on a négligé dans leur enfance de leur présenter les objets qui étaient à leur portée, et de les accoutumer ainsi à observer de bonne heure les merveilles de la nature. Les pauvres gens! il faut les plaindre, sans leur faire de reproches, puisqu'ils n'ont pas trouvé de secours pour leur instruction. Mais aujourd'hui que les enfants ont tant de bons livres destinés à leur former l'esprit et le cœur, ne serait-il pas honteux qu'ils fussent méchants ou mal instruits? En tout cas, malheur à ceux qui le seront! puisque les lumières et les bons principes étant aujourd'hui très répandus, ils ne pourront pas, comme autrefois, se cacher dans la foule pour se sauver du mépris. Ils trouveront de toutes parts des yeux éclairés qui, d'un seul regard, découvriront leur vice ou leur ignorance; ils seront forcés de vivre seuls, abandonnés aux dédains des autres, et au sentiment, peut-être plus cruel encore, de leur propre indignité.

Mais revenons à nos poissons. N'allais-je pas oublier de vous dire qu'ils n'ont point de jambes! De quel air vous me regardez, Henri! Pardon, monsieur, je ne me doutais pas encore à quel observateur je parlais. Permettez-moi cependant de vous apprendre pourquoi ils n'en ont point : c'est parce qu'ils ne sauraient en faire usage, et qu'elles ne feraient que les embarrasser. Comme ils ne sortent point de l'eau, elles leur seraient aussi inutiles pour marcher sur la terre.

N'allez pas croire d'après cela que tous les poissons aient des nageoires. La nature, qui n'a rien épargné pour nous donner tout ce qui nous est nécessaire, est en même temps assez économe pour ne nous donner rien de superflu. C'est pour cela que les huîtres et les moules, qui passent leur vie attachées à l'endroit où elles ont pris naissance, ne sont pas pourvues d'un instrument qui ne leur servirait à rien. Je vais vous apprendre quelques particularités sur ces coquillages.

L'HUITRE.

L'huître est un de ces animaux qui paraissent, au premier coup d'œil, avoir été traités avec un peu de rigueur par la nature, mais qui, sous un autre aspect, attestent le plus hautement la sagesse et la providence divines. Renfermée dans une étroite prison, privée de mouvement et d'industrie, elle n'en trouve pas moins sa subsistance.

En entr'ouvrant ses écailles, elle reçoit à chaque instant de la mer les petits insectes, les débris de plantes et les sucs limoneux dont elle se nourrit. Les flots se chargent de ses œufs, et vont les poser dans le fond de la mer ou sur les rochers, quelquefois même aux branches des arbres que la marée baigne; en sorte qu'elles se trouvent tout-à-coup pendues dans l'air. On se plaît à servir sur la table de ces branches, couvertes à la fois d'huîtres et de fleurs.

La chair des huîtres est naturellement blanche. Pour les rendre vertes, on va les pêcher sur les rochers au fond des eaux, et on les enferme le long des bords de la mer, dans de petites fosses. Au bout de six semaines, la mousse qui se forme dans ces fosses, et qui rend l'eau verdâtre, comme vous la voyez dans nos mares, imprègne les huîtres de cette couleur.

Les écailles, au bout de vingt-quatre heures, commencent à se former sur les huîtres naissantes. Je vous en ai fait observer de presque imperceptibles, attachées à la coquille de leurs mères.

Quelques oiseaux de mer aiment les huîtres autant que nous. Ils attendent qu'elles ouvrent leurs écailles pour fondre précipitamment sur elles, et les percer à coups de bec, avant qu'elles aient pu se claquemurer. Quelquefois aussi l'huître leur prend à eux-mêmes le bec en se renfermant.

Le crabe, son ennemi mortel, est plus adroit que l'oiseau. Lorsqu'il voit l'huître s'entr'ouvrir, il jette entre ses coquilles un petit caillou qui les empêche de se rejoindre; et alors il dévore sa proie sans danger.

Il est une espèce d'huître appelée perlière, qui produit les perles que vous voyez aux colliers des femmes, et la nacre dont on fait des jetons, des navettes et des manches de couteaux. Les perles se trouvent soit dans le corps de l'animal, soit attachées à l'intérieur de ces écailles; ces mêmes écailles forment la nacre. Les hommes accoutumés dès l'enfance à plonger vont les chercher au fond de l'eau, quelquefois à cent pieds de profondeur. Ils en remplissent des sacs, et viennent les décharger sur le rivage. On attend que l'huître s'ouvre d'elle-même, ce qui arrive au bout de deux ou trois jours; et alors on lui arrache ses trésors, auxquels notre folie met un assez grand prix pour exposer de malheureux plongeurs à être dévorés par des poissons voraces, à se briser contre les rochers, ou à être étouffés par les eaux.

On est parvenu à imiter les perles naturelles par des perles fausses, au point d'en rendre la différence très peu sensible. Il est un petit poisson appelé ablette, dont les écailles sont très brillantes.

On rassemble ces écailles dans l'eau, et on les frotte pour en détacher une matière visqueuse dont elles sont couvertes. Cette matière se précipite en liqueur argentée au fond du vase. On la recueille avec soin, et on y mêle un peu de colle de poisson, qui lui donne plus de consistance; ensuite on a des grains de verre fin, creux et très minces, où l'on fait entrer une goutte de cette liqueur; on roule les grains avec adresse, pour que la matière s'y répande partout également, et y forme une couche bien unie: lorsqu'elle est sèche, on fait couler de la cire fondue dans le verre, pour donner à la perle de la solidité, du poids et de la blancheur.

Les perles fausses ont l'avantage d'être plus égales entre elles que les perles véritables, et d'avoir la grosseur qu'on veut leur donner. Si elles n'ont pas tout-à-fait le même éclat, du moins elles sont infiniment moins coûteuses; elles réussissent aussi bien dans la parure, et n'inspirent jamais à celle qui les porte la crainte de les avoir achetées au prix de la vie d'un de ses semblables. N'est-il pas déjà assez cruel de compromettre l'existence de ses frères, pour se procurer les douceurs de la vie, sans la risquer encore pour les plus méprisables jouissances de la vanité? Quelle petitesse d'esprit de s'estimer davantage pour de beaux habits et des bijoux! Ces insensés devraient considérer un moment que l'or, l'argent et les pierreries dont ils sont chargés, étaient ensevelis dans les entrailles de la terre, et qu'ils n'ont pas même le mérite de les avoir travaillés; que leurs soieries ne sont que les dépouilles d'un petit ver rampant qui les a portées avant eux; que, sans l'industrie de ces honnêtes ouvriers qu'ils méprisent; ils n'auraient su en tirer aucun parti. Eh! que deviendraient les riches sans les pauvres? Seraient-ils en état de faire leurs chaussures, de bâtir leurs maisons, de labourer leurs terres, de tondre leurs troupeaux et de faire une infinité d'autres choses devenues nécessaires dans l'état où se trouve aujourd'hui la société? Qu'ils se parent, s'ils veulent, avec un peu plus d'éclat, pour encourager l'industrie et soutenir les manufactures; mais qu'ils apprennent en même temps à se conduire avec douceur et bienveillance envers ceux dont les mains sont employées à leur service! Qu'ils se souviennent que le moindre artisan, s'il remplit les devoirs de sa condition, est un membre de l'état plus utile qu'eux-mêmes, à moins qu'ils ne se distinguent autant par leur modestie et leur générosité que par leur rang et par leurs richesses.

De leur côté, les pauvres ne doivent jamais oublier les égards dont ils sont tenus envers leurs supérieurs, mais les traiter avec respect et fidélité, et surtout ne point leur porter une jalouse envie. S'ils sont économes, sobres et laborieux, ils peuvent, dans quelque métier qu'ils exercent, être aussi heureux que les riches par la jouissance d'une santé robuste, le repos de l'esprit et le calme de la conscience, sans être exposés aux inquiétudes et aux agitations qui tourmentent presque toujours dans une situation plus élevée.

Ces réflexions nous ont un peu écartés de l'objet de notre entretien; mais je vous les ai présentées comme elles devraient se présenter souvent à notre esprit, afin de nous former une philosophie aussi douce pour nous-mêmes que favorable pour nos frères. Tout le bonheur sur la terre consiste en deux choses bien simples, et qui devraient être bien aisées : *Aimer et se faire aimer.*

LA MOULE

Il est aussi des moules dans lesquelles on trouve de la nacre et des perles. D'autres ont des coquilles de la plus grande beauté, qui réunissent toutes les couleurs de l'arc-en-ciel.

Quelques-unes sont si grosses, qu'elles pèsent jusqu'à une demi-livre sans leurs coquilles.

La moule, comme l'huître, demeure immobile sur le rocher où elle a pris naissance. Pour empêcher que les vents ou les flots n'emportent sa maison, elle allonge hors de sa coquille une espèce de bras dont elle est armée, et tend autour d'elle une multitude de petits filets, qui, l'assujettissant de tous les côtés, sont comme autant de câbles qui la retiennent à l'ancre.

L'ennemi particulier de la moule est un petit coquillage qui s'attache sur sa coquille supérieure, la perce d'un petit trou fort rond, et, passant une trompe aiguë par cette ouverture, suce la chair jusqu'au dernier morceau.

LE NAUTILE.

Après vous avoir parlé de navigation et de coquillages, la peinture d'un poisson qui navigue dans sa coquille doit sûrement vous intéresser. Ce poisson est le nautile. On prétend que c'est de lui que les hommes ont appris à naviguer. Au moins, la forme de sa coquille approche de celle d'un vaisseau ; et l'animal semble se conduire sur les ondes comme un pilote conduirait son navire.

Quand le nautile veut s'élever du fond de la mer, il retourne sa coquille sens dessus dessous ; et, à la faveur de certaines parties de son corps qu'il gonfle ou qu'il resserre à volonté, il traverse toute la masse des eaux. En approchant de leur surface, il retourne adroitement son petit navire, dont il vide l'eau, à l'exception de ce qu'il lui en faut pour le lester, et pour marcher avec autant de sûreté que de vitesse. Alors il élève deux espèces de bras, et étend, comme une voile, la membrane mince et légère qui les unit. Il allonge et plonge dans la mer deux autres membres qui lui tiennent lieu d'avirons. Un autre lui sert de gouvernail ; et il se met à voguer habilement, soumettant les vents et les flots à son adresse.

À l'approche d'un ennemi, ou dans les tempêtes, il baisse sa voile, retire son gouvernail et ses rames, et penchant sa coquille, il la remplit d'eau pour se précipiter plus aisément sous les ondes.

Le nautile est un navigateur perpétuel, qui est à la fois le pilote et le navire. On voit quelquefois, dans les temps de calme, de petites flottes de cette espèce sur la surface de la mer.

LA TORTUE

Je vais maintenant vous parler de la tortue, dont le nom vous est assez connu par les fables de notre bon ami La Fontaine, où elle remplit souvent un personnage.

On en compte de trois espèces, de mer, d'eau douce et de terre.

Les tortues de mer sont les plus grandes. Il en est de si énormes, qu'on a vu quatorze hommes à la fois monter sur une écaille. Cette écaille peut former toute seule, une barque et une maison. Lorsqu'on s'en est servi pendant le jour pour naviguer le long des côtes de la mer, on la porte le soir sur le rivage ; et la voilà qui, soutenue par les rames qui l'ont fait voguer, devient une petite cabane où l'on trouve un abri contre la pluie et les injures de l'air.

Les tortues de mer prennent leur nourriture dans des espèces de prairies qui sont au fond des eaux, le long de plusieurs îles de l'Amérique. Des voyageurs rapportent que, dans un temps de calme, on découvre sous les ondes ce beau tapis vert, et les tortues qui s'y promènent. Quand elles ont fini leur repas, elles s'élèvent sur la surface des flots, toujours prêtes à s'enfoncer bien vite à l'approche de l'oiseau de proie ou des pêcheurs qui les guettent. Quelquefois cependant, la grande chaleur du jour les surprend et les assoupit. On profite alors de leur sommeil pour les harponner de la même manière que les baleines, ou pour les prendre vivantes, ainsi que je vais vous le raconter.

Un plongeur vigoureux se place sur le devant d'une chaloupe. Parvenu à une petite distance de la tortue flottante, il plonge doucement, de peur de la réveiller, et va remonter fort près d'elle. Alors, saisissant tout-à-coup l'écaille vers la queue, il s'appuie sur le derrière de l'animal, et fait enfoncer cette partie dans l'eau.

La pauvre tortue n'a pas l'esprit de réfléchir qu'en plongeant, elle se débarrasserait de son ennemi. Vous avez lu l'histoire de l'âne de la fable, qui, après avoir fait tant de façons pour entrer dans le bateau quand on le tirait par son licou, s'y précipita brusquement lorsqu'on s'avisa de le tirer en arrière par la queue? Eh bien, la tortue n'y met pas plus de finesse. Dès qu'elle se sent tirer vers le fond de l'eau, elle s'efforce de se soutenir au-dessus, en agitant ses pattes de derrière. Ce mouvement en effet l'y soutient, elle et le plongeur; mais pendant ce débat, les autres pêcheurs arrivent, la renversent adroitement sur le dos; et comme, dans cette situation, elle ne peut plus s'enfoncer, ils la poussent de leurs mains jusqu'à la chaloupe. On prétend qu'elle jette alors de profonds soupirs, et verse des larmes abondantes.

On prend aussi les tortues de mer sur la terre. La chasse la plus considérable se fait dans l'île de l'Ascension. Elle est encore inhabitée, parce qu'on n'y a pu découvrir aucune source d'eau douce; mais la quantité de tortues qu'on y trouve, engage la plupart des vaisseaux à s'y arrêter, à dessein d'en faire leur provision pour les matelots attaqués du scorbut, qui est une maladie que l'on prend ordinairement sur la mer. Cette île, pour vous le dire en passant, est une espèce de bureau de poste, parce que les marins, en s'éloignant du rivage, y laissent un billet dans une bouteille bien fermée, pour donner de leurs nouvelles à ceux qui viennent après eux, et en apprendre à leur retour.

La pente unie et facile du sable dont elle est bordée est très favorable pour les tortues, qui viennent, dit-on, de plus de cent lieues pour y faire leur ponte. Vous voyez encore par là combien la tortue de mer est différente à cet égard de la tortue de terre, dont la lenteur a passé en proverbe. Celle-ci emploierait toute sa vie à faire ce voyage; les autres, grâce à leur talent de nager, le font en peu de temps. Elles descendent sur la plage, et remontent un peu au-dessus de l'endroit où les flots peuvent atteindre. Alors avec leurs pattes, elles creusent un trou peu profond, où elles déposent leurs œufs; puis elles les recouvrent légèrement de sable, afin que la chaleur du soleil les échauffe et fasse éclore les petits.

Ces œufs sont d'une forme ronde, et de la grosseur d'une bille de billard; ils ont du blanc et du jaune comme les œufs de poule; mais ils ne sont pas si bons à manger. L'enveloppe en est mollasse, et ils paraissent au toucher comme un œuf de poule durci qu'on a dépouillé de sa coque.

Vingt-cinq jours environ après la ponte, on voit de tous côtés percer de dessous le sable de petites tortues déjà formées, et couvertes de leurs écailles, qui, sans être guidées par leurs mères, seules, et par le pur mouvement de leur instinct, s'acheminent tout doucement vers le bord de la mer. Malheureusement pour elles, la force des vagues les repousse, et les oiseaux de proie les enlèvent la plupart, avant qu'elles aient acquis assez de vigueur pour naviguer contre les flots, et gagner le fond de la mer, comme un refuge pour leur faiblesse. Aussi, de deux cent soixante œufs ou environ que pond chaque tortue, à peine en voit-on réchapper une douzaine.

Comme les tortues attendent ordinairement les ténèbres, afin de dérober à la vue des oiseaux le dépôt où elles cachent l'espérance de leur famille, les marins attendent aussi ce moment pour faire leur coup. Dès la fin du jour, ils abordent sur la côte, et s'y tiennent sans bruit en embuscade, guettant leur proie d'un œil attentif. Aussitôt que les tortues ont quitté la mer, et en sont assez éloignées pour qu'ils puissent leur couper le retour, ils marchent à elles et les renversent sur le dos, les unes après les autres. Cette opération doit se faire avec autant de prudence que d'agilité, de peur que la tortue, en se débattant avec ses pattes, ne leur fasse voler du sable dans les yeux. Dans cette posture incommode, qui la prive de tout moyen de défense, elle ne songe qu'à faire rentrer ses pattes et sa tête sous son écaille, laissant de cette manière la plus grande facilité pour la transporter à bord du vaisseau. Quelquefois on la mange sur le rivage même.

Après l'avoir tuée avec précaution, crainte d'endommager ses œufs, on l'assaisonne avec du poivre, du sel, du girofle et du citron, et son écaille sert de casserole pour la faire cuire.

La chair de tortue salée est d'une aussi grande ressource dans l'Amérique que la morue en Europe. On en tire aussi de l'huile. Une grosse tortue en fournit plus de trente bouteilles. La chair des plus petites pèse cent cinquante livres; les tortues ordinaires en donnent deux cents. On en prit une, il y a plusieurs années, sur les côtes de France, d'environ six pieds de long, qui pesait entre huit et neuf cents livres. Deux ans après on en prit une autre, longue de cinq pieds, et du poids de près de huit cents livres. Le foie seul se trouva suffisant pour fournir abondamment à dîner à plus de cent personnes. Sa graisse, que l'on fit fondre, prit la consistance du beurre, et fut trouvée d'un fort bon goût.

La croissance des tortues de mer est très rapide. Un de ces animaux, qu'on avait mis très-jeune dans un petit baquet, s'y trouva à l'étroit au bout de quelques jours. On le mit dans une moitié de barrique ordinaire, et l'on se vit bientôt obligé de lui donner un grand muid pour logement. Le vaisseau qui le portait ayant fait naufrage sur les côtes de France, la tortue se sauva dans la mer. Comme il n'en vient point ordinairement dans ces climats, on a soupçonné que celle-ci est l'une des deux dont il était question tout à l'heure, qui fut prise quatorze ans après, pesant près de huit cents livres. Elle n'en pesait que vingt-cinq lorsqu'on l'embarqua. La force de ces animaux est extrême. On en voit qui portent cinq à six hommes assis sur leur dos. Leur vie est aussi très-dure et très-longue, elle s'étend quelquefois au-delà de quatre-vingts ans

Les tortues d'eau douce ressemblent beaucoup à celle de la mer. Aux approches de l'hiver, elles viennent à terre, s'y creusent des trous, et y passent toute la saison sans manger, dans un état d'engourdissement. On les voit même, dans l'été, passer plusieurs jours sans prendre de nourriture. Elles détruisent beaucoup de poissons dans les étangs.

La tortue de terre se trouve sur les montagnes, dans les forêts, dans les champs et dans les jardins. Elle vit d'herbes, de fruits, de vers, de limaçons et d'autres insectes. Celle que l'on garde dans les maisons pour en faire des remèdes, peuvent se nourrir avec du son et de la farine.

L'écaille de toutes les espèces de tortues sert à faire des tabatières, des manches de couteaux, de rasoirs, de lancettes, et une infinité de jolis bijoux.

LES COQUILLAGES.

Outre les poissons dont je viens de vous entretenir, je pourrais vous en nommer plusieurs encore, dont la seule peinture ne vous intéresserait pas moins vivement. Les uns sont armés d'une épée ou d'une scie, les autres hérissés de pointes ou d'épines, etc. L'objet pour lequel la nature leur a donné ces armes, l'usage qu'ils en savent faire, les besoins qu'ils éprouvent pour leur subsistance, les moyens qu'ils emploient pour y pourvoir, les différents degrés de leur instinct et de leur industrie ; tout en eux et dans tous les autres est bien digne de votre curiosité. Ne sentez-vous point déjà le plaisir que vous goûterez un jour en cherchant à pénétrer les merveilles étalées de tous côtés à vos regards ? Que diriez-vous de celui qui, venant d'hériter d'un superbe palais, irait se renfermer stupidement dans l'alcôve la plus enfoncée, sans chercher à connaître les ameublements précieux dont il est environné ? Tel et plus stupide mille fois serait l'homme, héritier de Dieu sur la terre, qui végéterait entouré de prodiges vivants qui sollicitent sans cesse sa curiosité, sans qu'un noble désir le portât jamais à la satisfaire. Les devoirs que son état, quel qu'il soit, l'oblige de rendre à la société, ne sont point un obstacle à son instruction. Combien d'heures perdues dans des amusements frivoles, qu'il pourrait con-

sacrer à acquérir des jouissances utiles, sources inépuisables des plaisirs les plus flatteurs ! L'homme instruit n'éprouve jamais dans sa vie un seul moment de solitude ou d'ennui. Dans la profondeur des déserts, il trouve une société nombreuse qu'il interroge, et dont il sait entendre la voix. Un brin d'herbe, un insecte, suffisent pour éveiller en lui une foule d'idées, et pour lui faire parcourir dans un instant le cercle immense de la création. La

juste valeur dont il s'accoutume à priser les choses humaines, l'étendue et la dignité que ses réflexions donnent à son esprit, le tiennent aussi loin de l'orgueil que de la bassesse; et ses lumières peuvent élever sa fortune sans en dégrader l'ouvrage par de vils moyens. Vous n'êtes pas encore en état, mon cher Henri, de sentir toute la vérité de ce que je viens de vous dire; mais il me semblait voir vos parents auprès de vous, et c'est à eux que je m'adressais pour leur inspirer le désir de travailler à votre bonheur, en vous faisant acquérir les connaissances qui le procurent. Je crois aussi lire dans vos yeux que tout ce que vous avez pu saisir de ce tableau vient d'allumer votre imagination, et que vous brûlez d'impatience de vous instruire. Mettons à profit des dispositions si favorables, et reprenons le ton familier de nos entretiens.

Vous avez vu des bouquets formés de coquilles, dont les nuances représentaient celles des plus belles fleurs; vous avez admiré les jolis compartiments qu'on en faisait sur nos surtouts de dessert,

l'effet agréable qu'elles produisent sur le bord des bassins, dans la décoration des grottes et des cascades; mais ce ne sont encore là que des coquillages uniformes et communs, tels que la mer les jette en profusion sur ses rivages. C'est dans les cabinets des curieux que vous pourrez en observer d'un choix rare et d'une variété presque infinie. C'est là que vous passerez des journées entières à vous extasier sur l'élégance ou la singularité de leurs formes, l'éclat et la diversité de leurs couleurs.

Chacune de ces coquilles renfermait autrefois un poisson qui vivait au fond de la mer, retiré dans son palais immobile, ou qui l'emportait avec lui en nageant, par une manœuvre admirable, telle que je vous l'ai peinte tout à l'heure dans l'histoire du nautile.

Une autre histoire, non moins intéressante pour vous, est celle d'une espèce d'écrevisse qu'on nomme Bernard l'Ermite, ou le soldat. Bernard l'Ermite est couvert d'écailles sur tout son corps, excepté sur l'extrémité du dos. Pour mettre cette partie à l'abri de ce qui pourrait la blesser, il va dès sa naissance chercher une coquille vide, dans laquelle il s'établit, jusqu'à ce qu'en grandissant il ait besoin d'un logement plus vaste.

Lorsque ce moment est venu, sans quitter sa première coquille, il va sur le rivage en chercher une autre. Dès qu'il l'a trouvée, il sort de l'ancienne pour essayer la nouvelle. S'il ne la juge pas bien proportionnée à sa taille, il va plus loin, mesurant toutes celles qu'il rencontre, jusqu'à ce qu'il en ait une qui lui convienne. Aussitôt il s'y glisse avec une extrême précipitation, et dans sa joie il fait deux ou trois caracoles sur le sable. Il a toujours soin de choisir un ermitage assez spacieux pour pouvoir se tapir dans le fond, de manière à le faire croire inhabité ; ce qu'il pratique au moindre bruit qui se fait entendre. Si par hasard un de ses camarades se trouve dépouillé en même temps que lui, pour entrer dans la même coquille, il se livre aussitôt entre eux un combat, et le plus faible abandonne la coquille au vainqueur. C'est apparemment pour ces combats que Bernard l'Ermite a obtenu le surnom du soldat, ou peut-être aussi parce qu'il a l'air d'une sentinelle dans sa guérite.

L'histoire des coquillages forme une branche très curieuse de la connaissance de la nature. On aime à voir comment, pour nous donner dans tous ses ouvrages une idée de sa grandeur et de sa richesse, elle a revêtu un vil poisson de sa livrée la plus brillante.

Des plongeurs vont chercher les coquilles au fond des eaux. La mer, dans les tempêtes qui la bouleversent dans toute sa profondeur, en jette aussi quelquefois sur ses bords.

PLANTES MARINES.

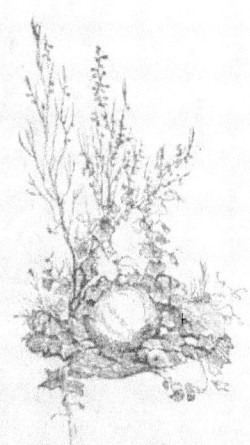

Les plantes marines ne sont pas, à beaucoup près, aussi variées que celles de la terre. Je me contenterai de vous dire quelques mots des algues et des fucus.

Les feuilles de l'algue commune sont d'environ deux ou trois pieds de longueur, molles, d'un vert sombre, et semblables à des courroies. On en trouve une espèce dans les mers du nord dont les feuilles sont jaunâtres. Lorsque cette plante est exposée au soleil, il transpire de ses feuilles de petits grumeaux d'un sel doux et de bon goût, dont on fait usage en guise de sucre.

Les fucus sont la plupart ramifiés en arbrisseaux. Il s'élève sur leurs feuilles de petites vessies remplies d'air, comme des ballons, qui tiennent la plante debout dans l'eau ou l'y font flotter. Il en est quelques espèces d'une jolie couleur rose, de vert et de citron ; on les fait bien tremper dans l'eau douce en sortant de la mer, puis on les fait sécher entre deux papiers, ou sur un carton que l'on couvre d'un verre ; ce qui produit des tableaux fort agréables.

LE CORAIL.

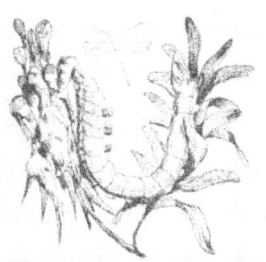

Vous avez pris souvent, mes amis, pour des arbrisseaux ou des plantes ces productions marines que vous aviez tant de plaisir à considérer dans le cabinet de votre papa. Des personnes qui, soit dit sans vous offenser, étaient incomparablement plus habiles que vous, ont toujours vécu dans la même erreur, qui s'est perpétuée pendant plusieurs siècles : ce qui vous prouve avec quelle attention il faut étudier la nature pour découvrir ses secrets.

Je vais d'abord vous parler du corail, qui a dû vous frapper le plus vivement, et qui vous servira à mieux comprendre ce qui concerne les autres.

Le corail, dont la teinte est ordinairement rouge, et quelquefois blanche, ou mélangée de ces deux couleurs, a la figure d'un arbrisseau. Sa plus grande hauteur est d'un pied ou un peu plus. Sa tige, à peu près de la grosseur de mon pouce, est couverte d'une espèce d'écorce, et porte des branches dépouillées de feuilles, mais qui semblent présenter des graines et des fleurs. Voilà des apparences bien séduisantes pour le croire un petit arbre, n'est-ce pas? Cependant, ce n'est que l'ouvrage de petits vers appelés polypes. Je vais vous dire comment ces ingénieux architectes en forment l'édifice pour leur habitation.

Aussitôt que les œufs de polypes, assemblés en peloton sous quelque rocher, sont éclos, ces animaux commencent à se bâtir en rond, et l'une contre l'autre, de petites cellules, qu'ils forment à la manière des limaçons et des coquillages, d'une substance qui s'échappe de leur corps. À mesure que cette substance devient plus abondante, et s'épaissit au point de remplir le fond des tuyaux qu'ils habitent, ils sont forcés de monter un peu plus haut, et d'en former d'autres au-dessus dans la même direction. Ceux-ci se remplissent de la même manière ; par où le corail acquiert sa dureté : et comme, dans l'intervalle, la famille se multiplie, les nouveaux-nés forment d'un côté et d'autres des colonies, d'où proviennent les branches qui se ramifient à leur tour.

Les fleurs qu'on avait cru remarquer sur les branches ne sont que les bras de ces polypes, qu'ils étendent en forme de griffes, pour saisir les débris d'insectes dont ils se nourrissent, et les graines prétendues ne sont que leurs œufs.

Ce polymier gracieux se rencontre dans la Méditerranée et la mer Rouge. On le trouve à différentes profondeurs : Sur les côtes de France, il couvre les rochers qui regardent le midi ; on le voit aussi sur celles du levant et de l'ouest, mais jamais sur celles du nord.

La pêche du corail n'est pas sans danger, et elle est aujourd'hui assez peu lucrative. Les coralleurs sur les côtes de l'Afrique septentrionale ne le cherchent qu'à trois ou quatre lieues de la terre et ne recueillent que celui qu'ils rencontrent entre quarante et deux cents mètres de profondeur.

Le corail se développe plus facilement sous l'influence d'une lumière intense; c'est pourquoi celui des eaux profondes est moins beaux que celui qui se trouve à quelques brasses seulement de la surface de la mer.

Le corail des côtes de France et d'Italie passent pour les plus beaux; celui des côtes de Barbarie est plus gros, mais sa couleur est moins éclatante.

C'est de la même manière, mais avec quelque variété, suivant les différentes espèces de polypes, que se forment les coralines, les lithophytes, les éponges, les madrépores et d'autres polypiers, qui se trouvent en certains endroits dans une si grande abondance, que le fond de la mer ressemble à une épaisse forêt.

Vous vous félicitez sans doute, mes amis, de tout ce qu'il vous reste d'intéressant à apprendre dans l'étude de la nature. Je ne vous en ai présenté qu'un petit tableau; seulement pour vous montrer la perspective de ce qu'elle doit offrir un jour à vos regards, si vous savez les accoutumer de bonne heure à l'observation qu'elle exige pour pénétrer ses mystères. Je ne connais rien de plus satisfaisant et de plus récréatif.

Nous avons jusqu'ici promené nos regards sur la terre, pour nous former une première idée de ses habitants et de ses productions; nous venons de les plonger avec le même dessein jusque dans les profondeurs de la mer : dans notre premier entretien, nous les élèverons vers les cieux, pour étudier les mouvements des astres qui roulent dans leur immense étendue.

Quand nous serons de retour à Paris, je vous mènerai de temps en temps au cabinet d'histoire naturelle, pour vous y faire remarquer peu à peu tous les objets curieux qu'il renferme.

Nous y emploierons nos heures de récréations, afin de ne pas déranger l'ordre de nos études. Je me flatte que vous me remercierez de vous avoir fait connaître ces nouveaux plaisirs, et qu'ils vous paraîtront bien préférables aux amusements ordinaires de votre âge.

TABLE.

HISTOIRE DES PLUS REMARQUABLES ANIMAUX.

LES POISSONS.

ARRAS : TYP. ET LITH. DE MAD. VEUVE J. DEGEORGE.